El Sueño de un Príncipe
Fiódor Dostoyevski

I

Marya Aleksandrovna Moskalyova es, por supuesto, la primera dama de Mordasov. De esto no cabe la menor duda. Se comporta como si no necesitara de nadie y, por el contrario, como si todos necesitaran de ella. Verdad es que nadie le tiene afecto, mejor aún, que muchos la detestan cordialmente; ello no quita que todos la teman, que es lo que ella quiere. Esto es ya señal de alta política. ¿Por qué, por ejemplo, Marya Aleksandrovna, que es aficionadísima a las habladurías y no pega ojo en toda la noche si la víspera no se ha enterado de algún chisme, por qué sabe conducirse, no obstante, de modo que quien la mire no sospechará que esta grave señora es la chismosa más grande del mundo o por lo menos de Mordasov? Se pensaría más bien que el chismorreo debiera desaparecer en su presencia, que los murmuradores debieran ruborizarse y temblar como escolares ante el señor maestro, y que la conversación debiera versar sólo sobre los temas más elevados. Por ejemplo, ella sabe de algunos vecinos de Mordasov cosas tan sorprendentes y escandalosas que si las contara en ocasión oportuna y las demostrara como ella sabe demostrarlas provocaría en Mordasov un terremoto como el de Lisboa. Sin embargo, es muy discreta en cuanto a esos secretos y los revela sólo en situaciones extremas y sólo a sus amigos mas íntimos. Ella se limita a dar sustos, insinúa que sabe algo y prefiere mantener a ese caballero o aquella dama en estado de terror constante a darles el golpe de gracia. ¡Esto es talento, esto es táctica! Marya Aleksandrovna siempre se ha destacado entre nosotros por su irreprochable *comme il faut* que todos toman por modelo. En lo tocante a *comme il faut* no tiene rival en Mordasov. Sabe, por ejemplo, destruir, despedazar, aniquilar a un rival con una sola palabra, de lo cual somos nosotros testigos, a la vez que finge no darse cuenta de lo que ha dicho. Sabido es que tal modo de obrar es propio de la más alta sociedad. Puede decirse que en tales ardides le lleva ventaja hasta al famoso nigromante Pinetti. Sus relaciones son incontables. Muchas de las personas que visitan Mordasov se marchan entúsiasmadas de la recepción que les hace y más tarde se cartean con ella. Hasta se ha dado el caso de que le escriban versos, y Marya Aleksandrovna los enseña con orgullo a todo el mundo. Un literato itinerante le dedicó una composición que yo leí en casa de ella durante una velada y que produjo una impresión sumamente agradable. Un científico alemán que vino de Karlsruhe con el propósito específico de estudiar una rara especie de gusano con antenas que se cría en nuestra provincia, y que había escrito cuatro tomos en cuarto sobre tal gusano, quedó tan encantado de la cordial acogida que le dispensó Marya Aleksandrovna que desde entonces mantiene con ella, desde Karlsruhe, una correspondencia respetuosa y edificante, Marya Aleksandrovna ha sido comparada en algún particular hasta con Napoleón. Esto, por supuesto, lo hacían en broma sus enemigos, más con afán de caricatura que en aras de la verdad. Pero aun aceptando sin reservas lo desaforado de la comparación, me atrevo a hacer una pregunta inocente: ¿por qué, vamos a ver, se le fue a Napoleón la cabeza cuando llegó demasiado alto en su carrera? Los partidarios del antiguo régimen lo atribuían a que Napoleón no sólo no era de estirpe real, sino que ni siquiera era *gentilhomme* de buena casta, y era natural por lo tanto que acabara por asustarse de su propia grandeza y recordara su verdadero puesto. A pesar de la evidente agudeza de tal conjetura que hace recordar los tiempos más brillantes de la antigua corte francesa, me atrevo a agregar por mi parte: ¿por que a Marya Aleksandrovna nunca jamás se le va la cabeza y sigue siendo todavía la primera dama de Mordasov? Ha habido ocasiones en que la gente decía: «Habrá que ver cómo se comporta Marya Aleksandrovna en estas difíciles circunstancias.» Pero llegaban las circunstancias difíciles, pasaban... y nada. Todo quedaba igual que antes, por no decir que mejor. La gente recuerda, por ejemplo, que su marido, Afanasi Matveich, perdió su cargo por incapacidad y mentecatez, rasgos que provocaron la ira de un inspector general que pasó por Mordasov. Todos creían que Marya Aleksandrovna quedaría anonadada, que se humillaría, que solicitaría, que rogaría, en una palabra, que plegaría las alas. Pues nada de ello. Marya Aleksandrovna comprendió que ya no podría sonsacar más y se las arregló de manera que no perdió un ápice de su ascendiente en la sociedad; y su casa sigue siendo considerada como la primera de Mordasov. La mujer del fiscal, Anna Nikolaevna Antipova, enemiga jurada de Marya Aleksandrovna aunque amiga en apariencia, ya cantaba victoria. Pero cuando se vio que era difícil poner a Marya Aleksandrovna en un aprieto se llegó a sospechar que la señora tenía raíces mucho más profundas de lo que antes se pensaba.

A propósito, ya que hemos aludido a él digamos también unas palabras de Afanasi Matveich, marido de Marya Aleksandrovna. En primer lugar es hombre de aspecto gallardo y aun de principios muy aceptables, pero en situaciones críticas, sin que se sepa por qué, se aturde y parece un borrego que ha visto un nuevo portillo en el redil. Es hombre de dignidad poco común, sobre todo en los banquetes onomásticos, cuando lleva puesta su corbata blanca. Pero esa gallardía y dignidad duran solo hasta el momento en que abre la boca. Entonces, perdonen ustedes, lo mejor es taparse los oídos. Francamente, no es digno de pertenecer a Marya Aleksandrovna. Tal es la opinión general. Hasta el cargo que tuvo lo debió exclusivamente al ingenio de su mujer. Según mi más ponderada opinión, hace ya tiempo que debería estar sirviendo de espantapájaros en un huerto. Allí, y sólo allí, podría ser de verdadero e indudable provecho a sus compatriotas. Y por eso Marya Aleksandrovna hizo muy bien en desterrar a Afanasi Matveich a una propiedad rural cercana, a tres verstas de Mordasov, con ciento veinte siervos -y digamos de paso que ésa es toda la hacienda, ésos son todos los recursos con los que mantiene tan en alto la dignidad de su casa. Todo el mundo sabía que había tenido a Afanasi Matveich a su lado sólo porque ése era funcionario público y percibía un sueldo y... algunos otros ingresos. Pero cuando cesó de percibir uno y otros fue alejado inmediatamente a causa de su inutilidad e inepcia. Todo el mundo alabó a Marya Aleksandrovna por lo claro de su juicio y lo decisivo de su carácter. En el campo Afanasi Matveich está en su elemento. Yo fui a verle y pasé con él una hora entera con bastante agrado. Se prueba corbatas blancas, se limpia él mismo los zapatos, no por necesidad, sino por amor al arte, ya que le gusta que le brillen; toma té tres veces al día, se desvive por los baños... y tan contento. ¿Recuerdan ustedes la historia infame que se urdió entre nosotros hace año y medio con relación a Zinaida Afanasievna, hija única de Marya Aleksandrovna y Afanasi Matveich? Zina es indiscutiblemente una belleza y posee una educación excelente, pero tiene ya veintitrés años y hasta ahora sigue soltera. Entre las razones que explican por qué Zina no se ha casado todavía, una de las principales parece ser el siniestro rumor sobre ciertas extrañas relaciones que tuvo hace año y medio con un pobre maestro de escuela del distrito, rumor que aún se oye hoy día. Todavía se habla de un billete amoroso que escribió Zina y que pasó de mano en mano en Mordasov. Pero, díganme, ¿quién vio ese billete? Si pasó de mano en mano, ¿a dónde fue a parar? Todo el mundo ha oído hablar de él, pero nadie lo ha visto. Yo por lo menos no he tropezado con persona alguna que lo haya visto con sus propios ojos. Si se alude a ello en presencia de Marya Aleksandrovna ella sencillamente no sabe de qué se habla. Supongamos ahora que, en efecto, ese billete (yo mismo hubo algo y que Zina escribió creo que efectivamente fue así): ¡qué destreza entonces la de Marya Aleksandrovna! ¡Qué manera de poner coto y echar tierra a un asunto tan peliagudo y escandaloso! ¡Ni un rastro, ni una alusión! Ahora Marya Aleksandrovna no hace caso siquiera de esa infame calumnia; y mientras tanto Dios sabe lo que quizá haya trabajado para salvar de toda mancha el honor de su hija única. Y en cuanto a lo de que Zina siga soltera, ello es muy natural: ¿qué novios podrían salirle aquí? A Zina puede que no le cuadre más que un príncipe reinante. ¿Han visto ustedes en alguna parte una mujer tan hermosa como ella? Sin duda que es orgullosa, demasiado orgullosa. Dicen que la corteja Mozglyakov, pero no es probable que haya casorio. ¿Y qué es el tal Mozglyakov? Es joven, sí, bastante apuesto, un dandy, con un centenar y medio de siervos libres de hipoteca, y natural de Petersburgo. Pero, en primer lugar, tiene un poco la cabeza a pajaros. Es algo veleta, habla por los codos y tiene ideas a la última moda. ¿Y qué son ciento cincuenta siervos, sobre todo cuando se profesan ideas de última hora? No habrá tal casorio.

Todo lo que el amable lector ha leído hasta aquí lo escribí hace cinco meses y sólo por sentimentalismo. Confieso de antemano que siento parcialidad por Marya Aleksandrovna. He querido escribir algo así como una alabanza de esta espléndida señora y darle la forma de una festiva carta al lector parecida a aquellas que antaño, en una edad de oro, sí, pero que por fortuna no puede volver, se publicaban en «La Abeja del Norte» y otras revistas. Pero como carezco de amigos y padezco por añadidura de una congénita timidez literaria, mi composición quedó abandonada en mi mesa de trabajo como una primicia de escritor y como testimonio de un pacífico entretenimiento en horas de ocio y contento. Han pasado cinco meses y de repente ha ocurrido en Mordasov un acontecimiento sorprendente: una mañana temprano llegó a la ciudad el príncipe K. y se detuvo en casa de Marya Aleksandrovna. Las consecuencias de esta llegada han sido incontables. El príncipe pasó sólo tres días en Mordasov, pero esos tres días dejaron tras sí recuerdos tan indelebles como fatales. Diré más: en cierto sentido el príncipe produjo una revolución en nuestra ciudad. El relato de esa revolución constituye, sin duda, una de las páginas más memorables de los anales de Mordasov. Esta es la página que, después de algunos titubeos, he decidido por fin elaborar en forma literaria y someter al juicio del muy respetable público. Mi narración contiene en detalle la notable historia del ascenso, apogeo y aparatosa caída de Marya Aleksandrovna y toda su familia en Mordasov: digno y sugestivo asunto Para un escritor. Claro está que antes que nada es preciso elucidar lo que hay de sorprendente en el hecho de que el príncipe K. llegara a la ciudad y se detuviera en casa de Marya Aleksandrovna; y a tal fin, por supuesto, hay que decir algo acerca del propio príncipe K. Así lo haré. Amén de que la biografía de este personaje es absolutamente indispensable al ulterior desenvolvimiento de nuestra narración. Empiezo, pues.

II

Empezaré diciendo que el príncipe K. no era excesivamente viejo y, sin embargo, al mirarle se recibía involuntariamente la impresión de que iba a desmoronarse de un momento a otro; a tal extremo había llegado su decrepitud o, si se quiere, su desgaste. De este príncipe se han contado siempre en Mordasov cosas extrañísimas, verdaderamente fantásticas. Se ha llegado a decir que estaba ido de la cabeza. A todo el mundo le parecía raro que un terrateniente, propietario de cuatro mil siervos, hombre de esclarecida estirpe que, de haberlo deseado, hubiera podido tener gran influencia en la provincia, viviera solo, como un recluso, en sus espléndidas posesiones. Muchos conocían al príncipe desde una previa estancia suya en Mordasov y aseguraban que entonces no podía aguantar la soledad y que de recluso no tenía un pelo. He aquí, sin embargo, lo que de fuentes fidedignas he podido averiguar de él. Allá en sus años mozos -de lo que, dicho sea de paso, hace ya mucho tiempo- el príncipe hizo una entrada brillante en la sociedad, se divirtió a más y mejor, cortejó a las damas, residió varias veces en el extranjero, cantaba romanzas, hacía juegos de palabras y en ningún momento dio prueba de excelsas dotes intelectuales. Huelga decir que despilfarró toda su hacienda y que en la vejez se encontró sin un kopeck. Alguien le aconsejó que se trasladara a su finca rural, que ya empezaba a ser vendida en pública subasta. Así lo hizo, y vino a Mordasov, donde residió seis meses. La vida provinciana le gustó sobremanera, y en esos meses malgastó todo lo que le quedaba, hasta las últimas migajas, siguiendo su vida disipada y manteniendo íntimas relaciones con varias señoras de la provincia. Era, no obstante, hombre buenísimo, aunque no exento de ciertas excentricidades que eran, sin embargo, consideradas en Mordasov como rasgos típicos de la más alta sociedad, y que en vez de enojo producían agrado. Las damas, en particular, no cejaban en su entusiasmo por el simpático visitante. De él se guardaban muchos recuerdos curiosos. Se contaba, entre otras cosas, que el príncipe pasaba más de la mitad del día en su tocador y que todo él parecía compuesto de varias piezas. Nadie sabía cuándo y dónde se las había arreglado para desintegrarse de tal manera. Usaba peluca, y sus bigotes, patillas y hasta la perilla, todo ello era postizo, hasta el último pelo, y de un soberbio color negro. Se blanqueaba y coloreaba el cutis todos los días. Se decía que se alisaba las arrugas del rostro con unos muellecillos ocultos muy cucamente entre el pelo. Se aseguraba que, por añadidura, usaba corsé, porque había perdido una costilla al saltar con poco acierto por una ventana durante una de sus aventuras amorosas en Italia. Cojeaba de la pierna izquierda. La gente juraba que era una pierna artificial, porque la natural se la quebraron en París a resultas de otra aventura y le habían puesto otra nueva de especial diseño. Pero ¿qué no diría la gente? Era cierto, sin embargo, que el ojo derecho lo tenía de cristal, aunque parecía de verdad. Los dientes también eran postizos. Durante días enteros se lavaba con diversas aguas patentadas y se cubría de perfumes y pomadas. Pero se recordaba que ya para entonces el príncipe empezaba a chochear perceptiblemente y a chacharear de modo inaguantable. Parecía que su carrera tocaba a su fin. Todo el mundo sabía que no le quedaba un kopeck. Y de repente, por esas fechas, una de sus parientes más allegadas, señora muy anciana que residía permanentemente en París y de quien no cabía esperar legado alguno, murió inesperadamente después de enterrar un mes antes a su heredero legal. Inopinadamente el príncipe quedó como tal heredero. Cuatro mil siervos en una magnífica finca a sesenta verstas de Mordasov pasaron indivisos a su exclusiva propiedad. Al punto se aprestó a atender a sus asuntos en Petersburgo. Para despedir a su huésped, nuestras damas le ofrecieron una opípara comida por suscripción. Se recuerda que el príncipe estuvo encantadoramente alegre en ocasión de este último banquete, jugó del vocablo, hizo reír a los comensales, contó anécdotas harto insólitas, prometió instalarse lo más pronto posible en Duhanovo (su propiedad recién adquirida) y dio palabra de que a su regreso habría una infinidad de fiestas, jiras campestres, bailes y fuegos de artificio. Durante todo un año después de su partida las damas estuvieron hablando de los festejos prometidos y esperando a su simpático viejo con viva impaciencia. Durante la espera llegaron incluso a organizar visitas a Duhanovo, donde estaba la vieja mansión señorial y había un jardín con acacias recortadas en forma de leones, túmulos artificiales, estanques por los que discurrían barcas con turcos de madera tocando caramillos, cenadores, pabellones, *mon plaisirs* y otras atracciones por el estilo.

Por fin regresó el príncipe, pero con sorpresa y desencanto de todo el mundo ni siquiera se detuvo en Mordasov y se instaló en Duhanovo como un verdadero recluso. Corrieron extraños rumores y cabe decir que desde entonces la historia del príncipe se hizo nebulosa y fantástica. Se decía, para empezar, que en Petersburgo no le habían ido bien las cosas, que algunos de sus parientes, futuros herederos, querían, dada la chochez del prócer, imponerle una especie de tutoría, probablemente por temor de que volviera a despilfarrarlo todo Más aún, algunos añadían que se le había querido internar en un manicomio, pero que uno de los parientes, caballero de muchas campanillas, parecía haber intervenido en su favor, demostrando claramente a todos los demás que el pobre príncipe, contrahechura de hombre y ya con un pie en la sepultura, de seguro se moriría pronto y por completo y entonces todos heredarían sin haber tenido que recurrir a lo del manicomio. Repito una vez mas, ¿que no dirá la gente, especialmente aquí en Mordasov? Todo ello asustó al príncipe hasta el extremo de que cambió de carácter y se convirtió en un recluso. Más de un conciudadano nuestro, presa de curiosidad, fue a cumplimentarle, pero o no fue recibido o lo fue de la manera más extraña. El príncipe ni siquiera reconocía a sus antiguas amistades. Se aseguraba que ni quería reconocerlas. Hasta el gobernador le hizo una visita.

Este volvió con la noticia de que, a su parecer, el principe estaba en efecto algo ido de la cabeza, y desde entonces torcía el gesto cada vez que recordaba su visita a Duhanovo. Las señoras pusieron el grito en el cielo. Averiguaron al cabo un detalle de gran importancia, a saber, que del príncipe se había apoderado una desconocida, una tal Stepanida Matveevna que había venido con él de Petersburgo, mujer gruesa y entrada en años, que lucía vestidos de percal y actuaba como ama de llaves; que el príncipe la obedecía en todo, como un niño, y no osaba dar un paso sin su permiso; que ella hasta le lavaba con sus propias manos; que le mimaba, le llevaba y traía y le hacía carantoñas, también como a un niño; y que, por último, alejaba de él a todos los visitantes, y en particular a los parientes que cada vez más a menudo se descolgaban por Duhanovo para ver cómo iban las cosas. En Mordasov se hacían toda suerte de conjeturas sobre esa relación incomprensible, descollando en ello las señoras. Como si no fuera bastante, se decía que Stepanida Matveevna llevaba la administración de todas las propiedades del príncipe, y ello de manera independiente y sin limitaciones; que despedía a los intendentes, los capataces, la servidumbre; que cobraba las rentas; pero que todo lo llevaba tan bien que los campesinos se congratulaban de su suerte. En lo tocante al príncipe se llegó a saber que empleaba sus días casi por entero en el tocador, probándose pelucas y levitas; y que el tiempo sobrante lo pasaba con Stepanida Matveevna; que jugaba con ella a las cartas, echaba la buenaventura, y de cuando en cuando salía de paseo en una mansa yegua inglesa, y que en tales ocasiones le acompañaba indefectiblemente Stepanida Matveevna en un coche cerrado para atender a cualquier percance, porque el príncipe montaba a caballo más por vanidad que por otra cosa y apenas podía tenerse en la silla. A veces se le veía a pie, con gabán y sombrero de paja de alas anchas, con un chal de señora color de rosa al cuello, monóculo y en la mano izquierda un cesto de paja para recoger setas, acianos y flores silvestres. También le acompañaba entonces Stepanida Matveevna, y detrás iban dos fornidos lacayos y un carruaje por lo que pudiera pasar. Cuando se encontraba con él un campesino que le cedía el paso, se quitaba el sombrero y se inclinaba profundamente diciendo «Dios le guarde, padrecito príncipe, Excelencia, luz de nuestros ojos», el príncipe nunca dejaba de apuntarle con el monóculo, movía la cabeza afablemente y le decía con dulzura: *«Bonjour, mon ami, bonjour.»* En Mordasov circulaban muchos rumores por el estilo. No se podía olvidar al príncipe: ¡vivía tan cerca! ¡Cuál sería el asombro general cuando una hermosa mañana cundió la especie de que el príncipe, el recluso, el excéntrico, había venido en persona a Mordasov y paraba en casa de Marya Aleksandrovna! ¡Aquello fue agitación y sobresalto! Todo el mundo esperaba una explicación, todos se preguntaban lo que aquello significaba. Algunos se aprestaron a ir a casa de Marya Aleksandrovna. Para todos la llegada del príncipe era motivo de gran extrañeza. Las señoras se mandaron recados escritos, proyectaron visitarse unas a otras, enviaron a sus doncellas y sus maridos a explorar el terreno. Lo que más extraño parecía era que el príncipe se hubiera instalado en casa de Marya Aleksandrovna y no en otra cualquiera. Quien más lo lamentaba era Anna Nikolaevna Antipova, porque el príncipe era pariente muy lejano suyo. Pero para despejar todas estas incógnitas es de todo punto menester acudir a la propia Marya Aleksandrovna, a cuya bondad apelamos para que reciba también al amable lector. Verdad es que son sólo las diez de la mañana, pero estoy seguro de que no se negará a recibir a sus íntimos amigos. A nosotros, por lo menos, nos recibirá sin falta.

III

Las diez de la mañana. Estamos en casa de Marya Aleksandrovna, en la calle principal, en esa misma habitación que en ocasiones solemnes la señora de la casa llama su *salón*. Marya Aleksandrovna tiene también *un boudoir*. El salón tiene suelos bien pintados y el papel de las paredes, encargado especialmente, es bastante bonito. En el mobiliario, un tanto engorroso, predomina el color rojo. Hay chimenea, sobre ella un espejo, delante de éste un reloj de bronce con un cupido de muy mal gusto. En la pared, entre las ventanas, hay dos espejos a los que ya se han quitado los guardapolvos. Delante de los espejos, otros relojes sobre mesas pequeñas. Junto a la pared del fondo un excelente piano que se ha traído para Zina. Zina es experta en música. En torno a la bien cargada chimenea hay varios sillones distribuidos en lo posible con pintoresco desorden. Entre ellos una mesita. En el otro extremo de la habitación hay otra mesa cubierta con un mantel de blancura deslumbrante. Sobre ella hierve un samovar de plata y hay un bonito servicio de té. Al cuidado del samovar y el té está una señora que vive con Marya Aleksandrovna en calidad de pariente lejana, Nastasya Petrovna ZYablova. Dos palabras sobre esta dama.

Es viuda que ha rebasado la treintena, morena, de color fresco y ojos vivos castaño oscuro. En general, no está mal de aspecto. Es de genio alegre, muy dada a las risotadas, bastante astuta y, por supuesto, chismosa, y sabe bien dónde le pincha el zapato. Tiene dos hijos en no sé qué colegio. Mucho le gustaría casarse de nuevo. Mantiene su independencia con bastante celo. Su marido había sido oficial del ejército.

La propia Marya Aleksandrovna está sentada a la chimenea, en excelente disposición de ánimo y lleva un vestido verde claro que le sienta bien. Se ha alegrado lo indecible con la venida del príncipe, quien en ese momento está arriba atendiendo a su *toilette*. Está tan contenta que no se esfuerza siquiera por disimular su gozo. Ante ella, de pie, está un joven que relata algo con animación. Por la expresión de sus ojos se nota que quiere agradar a sus oyentes. Tiene veinticinco años. Sus modales no estarían mal si no fuera porque a menudo se deja arrastrar por el entusiasmo y, además, con gran pretensión de agudeza y humor. Viste con distinción, es rubio y apuesto. Pero ya hemos hablado de él: es el señor Mozglyakov, en quien se cifran grandes esperanzas. Marya Aleksandrovna piensa para sí que la cabeza del joven no está todo lo llena que debiera estar, pero le recibe exquisitamente. Es aspirante a la mano de su hija Zina, de quien, según él, está enamorado hasta la locura. Se vuelve a cada instante hacia Zina, afanándose por arrancar de los labios de ésta una sonrisa a fuerza de ingenio y buen humor. Pero ella se muestra fría y distante. En este momento se mantiene un poco apartada, de pie junto al piano, hojeando un calendario. Es una de esas mujeres que producen un asombro fervoroso y general cuando se presentan en sociedad. Es de extraordinaria belleza: alta, morena, de ojos espléndidos casi enteramente negros, de hermoso talle y de robusto y soberbio seno. Tiene hombros y brazos como los de una estatua antigua, pies de seductora pequeñez y un porte majestuoso. Hoy está un poco pálida; no obstante, sus labios rojos y gordezuelos, de líneas maravillosas, entre los cuales brillan como hilo de perlas unos dientes menudos e iguales, se le aparecerán a uno en sueños tres días seguidos con sólo mirarlos una vez. La expresión de Zina es grave y severa. Monsieur Mozglyakov parece arredrarse cuando ella le mira con fijeza; por lo menos, cuando encuentra esa mirada se encoge un tanto. Los movimientos de Zina son altivamente desenvueltos. Lleva un vestido sencillo de muselina blanca. El color blanco le va muy bien, aunque, la verdad sea dicha, todo le va bien. En uno de los dedos lleva un anillo de cabellos trenzados que, a juzgar por el color, no son de su madre. Mozglyakov nunca se ha atrevido a preguntarle de quién son. Esta mañana Zina parece más taciturna que de costumbre, incluso triste, como si tuviera alguna preocupación. Por el contrario, Marya Aleksandrovna está dispuesta a charlar por los codos, aunque de vez en cuando lanza también a su hija una mirada peculiar, recelosa, si bien a hurtadillas, como si ella también le tuviera miedo.

-Estoy tan contenta, tan contenta, Pavel Aleksandrovich -parlotea la dama-, que me dan ganas de ponerme en la ventana y gritárselo a todo el mundo. Y no es sólo por la agradable sorpresa que nos ha dado usted a Zina y a mí llegando quince días antes de lo convenido; eso ni que decir tiene. Lo que me colma de alegría es que haya traído aquí a ese querido príncipe. ¿Sabe usted lo mucho que quiero a ese anciano encantador? Claro que no. Usted no me comprenderá. Ustedes, la gente joven, no comprenderán mi entusiasmo por mucho que yo les diga. ¿Sabe usted lo que él fue para mí en el pasado, hace seis años? ¿Te acuerdas, Zina? Aunque me olvidaba de que tú estabas entonces visitando a tu tía... No se lo creerá usted, Pavel Aleksandrovich: yo era su guía, su hermana, su madre. Me obedecía como un niño. Nuestras relaciones tenían algo de inocente, de tierno y bien nacido; algo casi pastoril, por así decirlo... En realidad no sé cómo llamarlo. He ahí por qué *ce pauvre prince* no ha pensado, en su gratitud, más que en mi casa. ¿Sabe usted, Pavel Aleksandrovich, que quizá le haya salvado con traerle aquí? En estos seis años he pensado en él con pena. No lo creerá usted, pero se me aparecía en sueños. Dicen que esa mujer abominable le ha hechizado, le ha aniquilado. Pero por fin le ha librado usted de sus garras. Ahora hay que aprovechar la ocasion y salvarle por completo. Dígame una vez más cómo ha logrado usted eso. Descríbame con todo detalle su encuentro con él. Hace un momento, con la prisa, no me he fijado más que en lo principal, aunque todos los pequeños detalles son, por así decirlo, la verdadera esencia del caso. Me pirro por los detalles. Los detalles son para mí lo primero de todo, aun en las ocasiones más importantes ... ; y mientras que él sigue con *su toilette...*

-¡Pero si ya le he contado todo lo que había que contar, Marya Aleksandrovna! -responde Mozglyakov complaciente, dispuesto a contarlo todo por décima vez, de gusto que le da hacerlo-. He estado viajando toda la noche y, claro, no he dormido en toda ella. Bien puede usted figurarse la prisa que me he dado -añade volviéndose a Zina-; en resumen, maldije, grité, exigí caballos de refresco, hasta armé un escándalo por lo de los caballos en las estaciones de relevo. Si esto se imprimiera, resultaría un poema del gusto más moderno. Pero dejemos eso. A las seis de la mañana llegué a la última estación, en Igishevo. Estaba aterido, pero no quise calentarme siquiera y pedí caballos. Asusté a la mujer del encargado que estaba dando de mamar a un niño; ahora, por lo visto, se le ha cortado la leche... Una salida de sol encantadora. Ya sabe usted que la escarcha se tiñe de rojo, de plata. Pero no me fijé en eso; en fin, que llevaba una prisa atroz. Me apoderé de los caballos a la fuerza, quitándoselos a un consejero colegiado a quien casi desafié a un duelo. Me dijeron que un cuarto de hora antes había partido de la estación cierto príncipe que, después de pasar la noche allí, había continuado el viaje con sus propios caballos. Apenas hice caso. Me metí en el trineo y salí disparado como si me hubiera escapado de un cepo. Fet dice algo por el estilo en una de sus elegías. A nueve verstas de la ciudad, en el cruce con el camino que va al monasterio Svetozerski, vi que había ocurrido algo insólito. Había volcado un enorme coche de camino. El cochero y dos lacayos estaban junto a él, sin saber qué hacer, mientras del coche volcado salían gritos y lamentos que partían el alma. Pensé en pasar de largo: «¡Que se quede ahí volcado; no es de por aquí! » Pero salió ganando el amor al prójimo que, como dice Heine, siempre mete la nariz en todo. Me detuve. Yo, mi Semyon y el cochero, que también tiene un alma rusa, corrimos en auxilio de los accidentados, y entre todos los seis levantamos el coche y lo pusimos de pie, aunque en realidad no tenía pies porque iba sobre patines. También ayudaron unos campesinos que iban con leña a la ciudad y a quienes di una propina. Pensé que probablemente se trataba del príncipe. Miré. ¡Santo Dios! Era el mismo, el príncipe Gavrila. ¡Qué encuentro! Le grité: «¡Príncipe! ¡Tío!» Por supuesto que casi no me conoció a la primera mirada, pero casi me conoció... a la segunda. Confieso, sin embargo, que aún ahora apenas sabe quién soy, y, al parecer, me toma por otro y no por un pariente suyo. Le vi hace siete años en Petersburgo cuando, claro, yo era todavía muchacho. Yo sí le recordaba, porque me impresionó mucho, pero él ¿cómo iba a acordarse de mí? Me presenté; quedó encantado, me abrazó, mientras todo él temblaba de espanto y lloraba, ¡y cómo lloraba! Todo eso lo vi con mis propios ojos. Hablando de esto y aquello acabé por persuadirle de que subiera a mi trineo y viniera siquiera un día a Mordasov para reponerse y descansar. Aceptó sin rechistar. Me dijo que iba al monasterio Svetozerski a ver al padre Misailo a quien honra y respeta; y que Stepanida Matveevna -¿y quien de nosotros los parientes no ha oído hablar de Stepanida Matveevna? el año pasado me echó de Duhanovo a escobazos- había recibido una carta informándole que un pariente suyo en Moscú estaba en las últimas: un padre o una hija, no sé quién a punto fijo ni me interesa saberlo; quizá los dos, el padre y la hija, y por añadidura un sobrino que es mozo de taberna... En suma, que la dama, muy soliviantada, decidió apartarse de su príncipe unos diez días y marchó aprisa y corriendo a la capital a fin de embellecerla con su presencia. El príncipe aguantó un día, aguantó dos, se probó unas pelucas, se untó de pomada, se maquilló, trató de echarse la buenaventura con las cartas (y quizá también con las alubias), pero todo se le hizo inaguantable sin su Stepanida Matveevna. Pidió los caballos y salió para el monasterio Svetozerski. Uno de los criados, temeroso de la ausente Stepanida Matveevna, se atrevió a objetar, pero el príncipe se mantuvo firme. Salió ayer después de comer, pasó la noche en Igishevo, de allí partió al alba, y en el cruce con el camino que conduce al padre Misailo, el coche, que iba a gran velocidad, casi se cayó a un barranco. Yo le salvé y le prometí llevarle a casa de nuestra común y muy respetada amiga Marya Aleksandrovna. Dijo que es usted la dama más encantadora de cuantas ha conocido en su vida. Y aquí estamos. El príncipe está arriba retocando su *toilette* con el auxilio de su ayuda de cámara a quien nunca se olvida de llevar consigo y a quien nunca, en ningunas circunstancias, se olvidará de llevar consigo, porque preferiría morir a presentarse ante las damas sin hacer algunos preparativos o, mejor dicho, algunas reparaciones... Ésa es toda la historia. *Eine allerliebste Geschichte!*

-¡Pero qué humorista que es, Zina! -exclama Marya Aleksandrovna después de oír toda la historia-. ¡Qué bien que lo ha contado! Ahora una pregunta, *Paul.* Explíqueme exactamente qué parentesco tiene usted con el príncipe. ¿Usted le llama tío?

-A decir verdad, Marya Aleksandrovna, ignoro el parentesco que nos une; parece que soy algo así como sobrino de primos segundos o quizás algo aún más remoto. De eso yo no tengo la culpa. La culpa la tiene mi tía Aglaya Mihailovna, que como no tiene otra cosa que hacer, se dedica a contar parentescos con los dedos. Ella fue la que me engatusó para que fuera a verle a Duhanovo el año pasado. ¡Ojalá hubiera ido ella misma. En fin, que para simplificar le llamo tío y él me contesta. Ahí tiene usted nuestro parentesco, al menos hoy por hoy.

-De todos modos, repito que sólo Dios pudo darle a usted la idea de traerle directamente a esta casa. Me tiemblan las carnes de sólo pensar qué hubiera sido de él, pobre hombre, si hubiera caído en otras manos que las mías. ¡Lo habrían acaparado, lo habrían hecho pedazos, se lo habrían comido! Lo habrían explotado como si fuera un filón, una mina. ¡Usted no puede figurarse lo codiciosa, vil y trapecera que es la gentuza de aquí, Pavel Aleksandrovichi

-Pero, vamos a ver, ¿a qué casa había de traerlo sino a ésta? ¡Qué cosas tiene usted, Marya Aleksandrovna! -inyecta la viuda Nastasya Petrovna, que está sirviendo el té-. ¿Piensa usted acaso que iba a llevarlo a casa de Anna Nikolaevna?

-¿Pero por qué tarda tanto en salir? No deja de ser raro -comenta Marya Aleksandrovna levantándose impaciente de su sitio.

-¿Quién? ¿El tío? Pues creo que tardará todavía cinco horas en vestirse. Además, como no tiene pizca de memoria, es posible que hasta se haya olvidado de que ha venido aquí de visita. ¡Es un hombre sin igual, Marya Aleksandrovna!

-Basta, por favor, no desbarre.

-No es desbarrar, Marya Aleksandrovna; es la pura verdad. ¡Pero si más que un hombre es un medio-maniquí! Usted le vio hace seis años, pero yo le he visto hace una hora. ¡Si es un medio-difunto! ¡Si es más que el recuerdo de un hombre! ¡Si es que se han olvidado de enterrarle! ¡Pero si tiene los ojos postizos y las piernas artificiales! ¡Si funciona por resortes y hasta habla por medio de resortes!

-¡Dios santo, qué tarabilla es usted! ¡Hay que oírle! -exclama Marya Aleksandrovna poniendo cara seria-. Y a usted, joven, que es pariente suyo, ¿no le da vergüenza hablar así de un venerable anciano? Aparte de su incomparable bondad -y aquí su voz se colora de ternura-, recuerde usted que se trata de un vestigio, de un fragmento, por así decirlo, de nuestra aristocracia. ¡Amigo mío, *mon ami!* Comprendo la frivolidad de usted, de la que tienen la culpa esas nuevas ideas de las que está siempre hablando. ¡Pero, Dios mío, si yo misma comparto esas ideas! Bien entiendo que el fundamento de esa actitud suya es noble y honroso. Tengo la impresión de que hay incluso algo sublime en esas nuevas ideas; pero nada de esto me impide ver el lado recto y, por así decirlo, práctico de las cosas. He vivido en el mundo, he visto más que usted y, al fin y al cabo, soy madre y usted es todavía joven. Él, por ser anciano, ¿habrá de parecernos ridículo? Hay más, y es que el año pasado anunció usted que pensaba emancipar a sus siervos y dijo que había que hacer algo para ponerse a la altura de los tiempos; y todo ello porque tenía la cabeza atiborrada de ese Shakespeare de usted. Créame, Pavel Aleksandrovich, ese Shakespeare de usted tuvo su momento de gloria hace ya siglos, y si resucitara no entendería jota de nuestra vida actual, a pesar de su talento. Si hay algo caballeresco y espléndido en nuestra sociedad contemporánea es cabalmente en las altas esferas. Un príncipe, aun vestido de tela de saco, seguirá siendo príncipe, Y aun viviendo en una choza será como si viviera en un palacio. Ahí está el marido de Natalya Dmitrievna, que se ha hecho construir algo así como un palacio; y, sin embargo, sigue siendo el marido de Natalya Dmitrievna y nada más. Incluso la propia Natalya Dmitrievna, aunque se ponga cincuenta crinolinas, seguirá siendo la Natalya Dmitrievna de antes, ni menos ni más. También usted representa en parte a las altas esferas porque de ellas desciende. Yo tampoco soy extraña a ellas -y malo será el pájaro que ensucie el propio nido. Pero, en fin, ya llegará usted a saber todo eso mejor que yo y olvidará a su Shakespeare. Se lo pronostico. Estoy segura de que aun ahora mismo no es usted sincero y que quiere sólo estar a la moda. Pero ya es demasiada cháchara Quédese aquí, *mon cher Paul,* que yo subo a enterarme qué hay del príncipe. Quizá necesite algo, y con esta estúpida servidumbre mía...

Y Marya Aleksandrovna abandonó el salón de prisa, recordando a su estúpida servidumbre.

-Marya Aleksandrovna parece muy contenta de que el príncipe no haya caído en manos de esa emperifollada Anna Nikolaevna. ¡Y ella que decía a todo el mundo que era pariente de él! Esta vez de seguro que revienta de rabia --observó Nastasya Petrovna; pero notando que no le respondían y mirando a Zina y Pavel Aleksandrovich, adivinó al punto la situación y salió de la habitación como si fuera a atender a algún quehacer. Pero en premio de su propio tacto se puso a escuchar detrás de la puerta.

Pavel Aleksandrovich se volvió inmediatamente a Zina. Estaba agitadísimo y le temblaba la voz

-Zinaida Afanasievna, ¿no está usted enfadada conmigo? -preguntó con aire tímido y suplicante.

-¿Con usted? ¿Por qué? -repuso Zina, ruborizándose ligeramente y levantando a él sus ojos espléndidos.

-Por mi venida prematura, Zinaida Afanasievna. Es que no podía resistir. No podía esperar quince días más... He llegado hasta soñar con usted. He venido volando a enterarme de mi suerte. ¡Pero frunce usted el ceño, está enfadada! ¿Es posible que tampoco ahora me diga usted nada definitivo?

Zinaida, en efecto, tenía fruncido el ceño.

-Esperaba que hablaría usted de eso -respondió, bajando de nuevo los ojos, con voz firme y severa en la que despuntaba el enojo-. Y como esa expectativa ha sido muy penosa para mí, cuanto antes se resuelva mejor. Una vez más exige usted, mejor dicho, solicita una contestación. Permítame que se la repita, porque es la misma de antes: espere. Una vez más le digo que todavía no he llegado a una decisión, y que no puedo darle promesa de ser su esposa. Esto no se obtiene a la fuerza, Pavel Aleksandrovich. Pero para tranquilizarle le digo que todavía no le rehúso definitivamente. Note usted además que, al darle ahora esperanzas de una decisión favorable, lo haga sólo por corresponder a su impaciencia e intranquilidad. Repito que quiero quedar completamente libre en mi decisión y que si la contestación final es negativa, no deberá acusarme de haberle dado esperanzas. Así, pues, aténgase a eso.

-Bueno, sea -exclamó Mozglyakov con voz quejosa-. ¿Pero no es esto en realidad una esperanza? ¿Puedo sacar alguna esperanza de sus palabras, Zinaida Afanasievna?

-Recuerde lo que le he dicho y saque de ello lo que tenga por conveniente. Haga lo que le guste. Yo no le digo más. No le rechazo; le digo sólo que espere. Pero repito que me reservo el pleno derecho de rechazarle si se me antoja. Le diré algo más, Pavel Aleksandrovich. Si ha venido usted antes del plazo convenido para la contestación para recurrir a medios indirectos, confiando en la ayuda ajena, por ejemplo, en la influencia de mamá, se ha equivocado usted mucho en sus cálculos. En tal caso, le rechazo sin más, ¿me entiende? Y ahora, basta, y por favor no vuelva a hablarme de esto hasta que se cumpla el plazo.

Todo este alegato fue pronunciado con sequedad, firmeza y desembarazo, como algo aprendido de antemano. Monsieur Paul sintió que se le había dejado plantado. En ese momento volvió Marya Aleksandrovna e inmediatamente tras ella la señora Zyablova.

-Me parece que viene en seguida, Zina. ¡Nastasya Petrovna, de prisa, haga té fresco! -Marya Aleksandrovna mostraba una punta de agitación.

-Anna Nikolaevna ha mandado ya a ver qué pasa. Su Anyutka ha venido corriendo a preguntar en la cocina. ¡Menudo berrinche tendrá ahora! -apuntó Nastasya Petrovna abalanzándose sobre el samovar.

-¿Y a mí qué me importa, --dijo Marya Aleksandrovna a Nastasya Petrovna por encima del hombro-. ¡Como si a mí me interesara averiguar lo que piensa Anna Nikolaevna! Le aseguro que yo no mandaré a nadie por noticias a su cocina. Y me asombra, de veras que me asombra, que me considere usted enemiga de esa pobre Anna Kikolaevna; y no sólo usted, sino toda la ciudad. Apelo a su juicio, Pavel Aleksandrovich. Usted nos conoce a las dos. ¿Por qué razón habría de ser yo enemiga suya? ¿Por cuestiones de primacía? ¡Pero si a mí me trae sin cuidado esa primacía! ¡Que sea ella la primera! Yo sería la primera en ir a felicitarla por su primacía. Pero, al fin y al cabo, todo eso es injusto. Intercedo por ella, tengo que interceder por ella. La calumnian. ¿Por qué la atacan ustedes todas? ¿Porque es joven y le gusta ir bien vestida? A mi juicio más vale que le guste la ropa que no otra cosa, como le sucede a Natalya Dmitrievna, a quien le gusta... lo que no es posible decir. ¿Será acaso porque Anna Nikolaevna está siempre de la ceca a la meca y no puede parar en casa? ¡Pero, Dios mío, si no ha recibido educación ninguna y le cuesta trabajo abrir un libro u ocuparse dos minutos seguidos en cualquier cosa! ¿Que coquetea y hace ojos desde la ventana a todo el que pasa por la calle? Pero ¿por qué le dicen que es tan bonita, cuando sólo tiene el cutis blanco y pare usted de contar? ¿Que es el hazmerreír de los bailes? De acuerdo. Pero ¿por qué le aseguran que baila la polca admirablemente? ¿Que lleva sombreros y cofias imposibles? Pero ¿qué culpa tiene ella de que Dios la haya privado de gusto y le haya dado en cambio credulidad? Si se le dice que es bonito prenderse en el pelo un papel de liar caramelos, se lo prende. ¿Que es una chismosa? ¡Pero si eso es costumbre aquí! ¿Quién no chismorrea aquí? ¿Que va a visitarle Sushilov, el de las patillas, por la mañana, por la tarde y casi por la noche? ¡Ay, Dios mío! ¿Y qué de extraño hay en ello si el marido se pasa jugando a las cartas hasta las cinco de la mañana? ¡Además, que aquí se dan tan malos ejemplos! Pero eso, al cabo, quizá no sea más que una calumnia. En resumen, que yo siempre intercedo por ella. Pero, Dios mío, aquí viene el príncipe. ¡Es él, él! Le reconozco. Le reconocería entre mil. ¡Por fin le veo, *mon prince!* -exclamó Marya Aleksandrovna y voló al encuentro del príncipe que entraba.

IV

En una primera y rápida ojeada no tomarán ustedes a este príncipe por un anciano, y sólo mirándole de cerca y fijamente verán que es un muerto que se mueve por resorte. Todos los recursos del arte han sido puestos en juego para dar a esta, momia el aspecto de un hombre joven. Peluca, patillas, bigote y perilla todo ello es maravilloso, de un lustroso color negro, y le cubre la mitad del rostro. Éste está blanqueado y coloreado con arte insólito, y en él apenas hay arrugas. Se ignora dónde se han metido. Viste a la última moda, como si acabara de salir de un figurín. Lleva puesto un traje de visita o algo por el estilo, a decir verdad no sé a punto fijo lo que es; sólo que está muy de moda, muy al día, algo hecho para las visitas matinales. Los guantes, la corbata, el chaleco, la ropa blanca y lo demás, todo es de una frescura deslumbrante y del gusto más exquisito. El príncipe cojea ligeramente, pero con tanta destreza que parece que lo hace porque está de moda. Lleva monóculo en un ojo, cabalmente en el que ya de por sí es de cristal. El príncipe está empapado de perfume. Al hablar tiene una manera especial de arrastrar ciertas palabras, quizá por debilidad de la vejez, quizá porque todos sus dientes son -postizos, o quizá sencillamente para darse importancia. Pronuncia algunas sílabas con especial suavidad, apoyándose sobre todo en la letra e. En él la palabra sí suena *se-e,* sólo que algo más suave. En todos sus gestos se echa de ver cierto descuido, adquirido en el curso de su vida de petrimetre. Pero en general, si algo ha quedado de esa previa vida de dandy, ha quedado inconscientemente, en forma de ciertos vagos recuerdos, de una vejez que se ha sobrevivido a si misma, y que no hay cosmético, corsé, perfume o peluca que pueda remediar. Por eso haremos bien en reconocer de antemano que si bien el anciano no ha sobrevivido su inteligencia todavía, sí ha sobrevivido su memoria, y a cada minuto desbarra, se repite y hasta desatina por completo. Se necesita cierta pericia para hablar con él. Pero Marya Aleksandrovna tiene confianza en sí misma, y a la vista del príncipe da rienda a un entusiasmo indescriptible.

-¡No ha cambiado usted nada, absolutamente nada! -exclama, cogiendo al visitante por ambas manos y sentándole en un sillón cómodo-. ¡Siéntese, siéntese, príncipe! ¡Seis años, nada menos que seis años sin vernos, y ni una carta, ni un solo renglón en todo ese tiempo! ¡Qué mal se ha portado usted conmigo, príncipe! Y yo, ¡qué enfadada he estado con usted, *mon cher prince!* Pero el té, el té. ¡Ay, Dios mío! ¡Nastasya Petrovna, el té!

-Le estoy agradecido, sí, señora, muy a-gra-de-cido, y con-trito -ceceó el príncipe (olvidamos decir que ceceaba un poco, y que lo hacía como si fuera moda cecear)-. ¡Con-tri-to! Y, figúrese usted, el año pasado quería venir aquí sin fal-ta -agregó escudriñando la habitación-. Pero me asustaron diciendo que aquí había có-le-ra...

-No, príncipe, aquí no ha habido cólera -dice Marya, Aleksandrovna.

-Aquí hubo epidemia bovina, tío -hace notar Mozglyakov, queriendo distinguirse. Marya Aleksandrovna le mide con una mirada severa.

-Pues sí, e-pi-de-mia bovina o algo por el estilo... Y me quedé en casa. ¿Pero cómo está su marido, mi querida Marya Nikoiaevna? ¿Sigue en su fis-ca-lía?

-N-no, príncipe, -dice Marya Aleksandrovna un poco cortada-. Mi marido no es fiscal.

-¡A que mi tío se confunde y la toma a usted por Anna Nikolaevna Antipova! -exclama el perspicaz Mozglyakov, pero se contiene al punto cuando nota que, aun sin tales aclaraciones, Marya Aleksandrovna parece un tanto cohibida.

-¡Ah, sí, sí, Anna Nikolaevna, y... (se me olvida todo). ¡A, sí, Antipova, eso es, Antipova --corrobora el príncipe.

-N-no, príncipe, está usted muy equivocado -dice Marya Aleksandrovna con una amarga sonrisa-. Yo no soy Anna Nikolaevna, no, señor; y no esperaba, lo confieso, que usted no me reconociera. Me asombra usted, príncipe. Yo soy su antigua amiga Marya Aleksandrovna Moskalyova. ¿Se acuerda usted, príncipe, de Marya Aleksandrovna?

-¡Marya A-lek-san-drovna! ¡Hay que ver! ¡Y yo que suponía que era usted (¿cómo se llama?), ah, sí, Anna Vasilievna ... ! *C'est délicieux!* O sea, que me he equivocado de sitio. ¡Y yo que pensaba, amigo mío, que me habías llevado a casa de esa Anna Matveevna! *C'est charmant!* Pero, en fin, esto me sucede con frecuencia. Yo a menudo me equivoco de sitio. Estoy contento, siempre contento, vaya adonde vaya. ¿De modo que no es usted Nastasya Va-si-liev-na? Es interesante...

-¡Marya Aleksandrovna, príncipe, Marya Aleksandrovna! ¡Oh, qué mal se ha portado usted conmigo! ¡Olvidarse de la que es su mejor amiga!

-Pues sí. De la me-jor amiga... *Pardon, pardon!* -masculló el príncipe, dirigiendo la mirada a Zina.

-Ésta es mi hija Zina. Ustedes todavía no se conocen, príncipe. Ella no estaba aquí cuando usted nos visitó el año 18..., ¿recuerda?

-Éésta es su hija! *Charmante, charmante!* -murmura el príncipe, mirando a Zina con el monóculo codiciosamente-. ¡Mais *quelle beauté!* -añade visiblemente impresionado.

-Té, príncipe -dice Marya Aleksandrovna, dirigien do la atención del príncipe al paje que está ante él bandeja en mano. El príncipe toma la taza y fija los ojos en el muchacho, que tiene las mejillas regordetas y sonrosadas.

-¡A-ah! ¿É-ste es su chico? -pregunta-. ¡Qué guapo mo-ci-to! Y-y... supongo... que se por-ta bien.

-Príncipe -interrumpe al punto Marya Aleksandrovna-, me han contado lo del terrible accidente. Confieso que he estado loca de susto... ¿No se ha hecho usted daño? ¡Cuidado, que no hay que desatender esas cosas ... !

-¡Me volcó! ¡Me volcó! ¡El cochero me volcó! --exclamó el príncipe con insólita animación-. Yo pensé que había llegado el fin del mundo o algo por el estilo y, francamente, me asusté; o que -¡los santos me perdonen!- se me caía el alma a los pies. ¡No lo esperaba no lo esperaba, de ninguna manera lo es-pe-ra-ba Y quien tiene la culpa de todo es mi cochero Feofil. Yo tengo confianza en ti para todo, amigo mío. Tú dispón lo que convenga e investiga el caso. Estoy con-venci-do- de que aten-tó contra mi vida.

-Bueno, tío, bueno -responde Pavel Aleksandrovich-. Lo investigaré todo. Pero, escuche, tío. Le perdonará por lo de hoy, ¿no? ¿Qué dice?

-De ninguna manera le perdono. Estoy persuadido de que ha aten-ta-do contra mi vida. Tanto él como Lavrenti, a quien dejé en casa. Figúrense ustedes, ha abrazado no se que nuevas ideas, ¿saben? Parece repudiar algo... ¡en fin, que es un comunista en el pleno sentido de la palabra! ¡A mí me da miedo hasta de tropezar con él!

-¡Ay, príncipe, cuánta razón tiene usted! --exclama Marya Aleksandrovna-. No querrá usted creer lo que yo también sufro con estos criados incapaces. Imagínese, acabo de tomar a dos nuevos y debo decir que son tan tontos que me paso el día entero guerreando con ellos. No puede usted imaginarse, príncipe, lo tontos que son.

-Pues sí, sí. Sin embargo, debo decir que a mí hasta me gusta que un lacayo sea algo tonto -indica el príncipe que, como todos los viejos, se pone contento cuando escuchan su cháchara con atención servil-. Eso le va bien a un lacayo, e incluso le presta dignidad si es buena persona además de tonto. Por supuesto, sólo en ciertas cir-cuns-tancias. Aumenta con ello su distin-ción, y su rostro adquiere cierto aspecto solemne. En suma, que resulta mejor educado, y lo que yo ante todo exijo de un criado es la buena e-du-ca-ción. Ahí está, por ejemplo, mi Terenti. Tú, amigo mío, de seguro que te acuerdas de Te-ren-ti. Apenas le vi, me dije: tú tienes pinta de conserje. Era fe-no-me-nal-mente tonto. Parecía un borrego mirando el agua. ¡Pero qué so-lemni-dad! ¡Qué pres-tan-cia! ¡Qué nuez en la garganta, de color de rosa! Pues bien, alguien así, con corbata blanca y uniforme de gala, produce bastante efecto. Yo le quiero mucho. De vez en cuando le miro y no puedo apartar los ojos de él: se diría que está escribiendo una disertación a juzgar por ese aspecto tan imponente. En suma, un auténtico filósofo alemán, un Kant, o, mejor aún, un pavo bien cebado, mantecoso. Un verdadero *comme il faut* del género servil.

Marya Aleksandrovna ríe a carcajadas en un rapto de entusiasmo y hasta prorrumpe en aplausos. Pavel Aleksandrovich la imita de todo corazón. Encuentra a su tío divertidísimo. También Nastasya Petrovna suelta una risotada. Hasta Zina se sonríe.

-¡Pero cuánto humorismo, cuánta jocundidad, cuánta agudeza tiene usted, príncipe! -proclama Marya Aleksandrovna-. ¡Qué preciosa capacidad para subrayar el rasgo más sutil, más divertido! ¡Y desaparecer de la sociedad, encerrarse durante cinco años enteros! ¡Con ese talento! Usted podría escribir, príncipe. ¡Usted podría ser un nuevo Fonvizin, un nuevo Griboyedov, un nuevo Gogol!

-Pues sí, sí -dice el príncipe muy satisfecho-. Yo podría ser un nuevo... ¿Saben ustedes? Yo era extraordinariamente agudo en tiempos pasados. Hasta escribí un *vaudeville* para el teatro... en el que puse algunos cuplés de-li-cio-sos. Pero no se representó nunca...

-¡Qué agradable hubiera sido leerlo! Y ¿sabes, Zina? ahora vendría aquí muy a propósito, porque se preparan funciones de teatro para recaudar donativos patrióticos, príncipe, a beneficio de los heridos... ¡Ahora su *vaudeville* nos vendría de perilla!

-¡Claro! Estoy hasta dispuesto a escribirlo de nuevo... aunque se me ha olvidado por completo. Recuerdo, sin embargo, que tenía dos o tres juegos de palabras que... (y el príncipe se besó la punta de los dedos). Por lo común, cuando estaba en el ex-tran-je-ro producía un ver-da-dero en-tu-sias-mo. Recuerdo a Lord Byron. Fuimos bastante amigos. Bailó admirablemente la cracoviana en el Congreso de Viena.

-¡Lord Byron, tío! Perdón, tío, ¿qué dice?

-Pues sí, Lord Byron. Pero a lo mejor no fue Lord Byron, sino otra persona. En efecto, no fue Lord Byron, sino un polaco. Ahora me acuerdo bien. ¡Qué hombre tan o-ri-gi-nal era ese polaco! Se hacía pasar por conde, y al cabo resultó que era un maestro de cocina. Ahora bien, bailaba la cracoviana ad-mi-ra-ble-mente y acabó por romperse una pierna. Yo con ese motivo escribí unos versos:

Un caballero polaco
a bailar aficionado...

Y luego sigue... se me ha olvidado el resto...

se quebró la pierna izquierda...
¡que le quiten lo bailado!

-Pero ¿de veras que seguía así, tío? -exclama Mozglyakov, cada vez más entusiasmado.

-Así parece que fue, amigo mío -responde el tío-, o algo pa-re-ci-do. Pero quizá no fuera así, y sí sólo que hayan salido bien esos versecillos. El caso es que se me olvidan algunas cosas ahora. Eso resulta de mis muchos quehaceres.

-Diga, príncipe, ¿en qué se ha ocupado usted durante todo este tiempo de soledad? -inquiere con interés Marya Aleksandrovna-. He pensado tanto en usted, *mon cher prince*, que confieso que estoy ardiendo de impaciencia por enterarme de ello punto por punto.

-¿En qué me he ocupado? Por lo general, ¿sabe usted? en varias cosas. A veces uno descansa; otras veces ¿sabe usted? ando de aquí para allá, imagino varias cosas...

-Usted, tío, debe de tener una imaginación sobremanera viva.

-Sobremanera viva, querido. En ocasiones imagino tales cosas que yo mismo me a-som-bro después. Cuando estuve en Kaduevo... A *propos*, tú, según creo, fuiste vicegobernador de Kaduevo...

-¿Yo, tío? Perdón, ¿qué dice usted?

-¡Pues figúrate, amigo mío! Y yo que te he tomado por el vicegobernador, y me decía: ¿cómo es que de repente parece que ha cambiado de cara? Porque la suya ¿sabes? era una cara tan impresionante, tan inteligente... Era un hombre ex-tra-or-di-na-riamente listo y com-po-nía versos para todas las ocasiones. Visto de perfil se parecía un poco a un rey de baraja...

-No, príncipe -interrumpe Marya Aleksandrovna-. Apuesto a que con esa vida se está matando usted. ¡Hundirse cinco años en la soledad, no ver a nadie, no oír nada! ¡Está usted perdido, príncipe! Pregunte si quiere a cualquiera de los devotos de usted y le dirá sin duda que está usted perdido.

-¿De veras? -exclama el príncipe.

-Se lo aseguro. Le hablo como una amiga, como una hermana. Le hablo así porque le tengo afecto, porque el recuerdo del pasado es sagrado para mí. ¿De qué me valdría ser hipócrita? No, tiene usted que cambiar radicalmente de vida. De lo contrario, perderá usted fuerzas, se pondrá enfermo, morirá...

-¡Dios mío! ¿Tan pronto habré de morir? -exclama asustado el príncipe-. ¡Y pensar que lo ha adivinado usted! Padezco muchísimo de hemorroides, sobre todo desde hace algún tiempo. Y cuando me da un ataque se me presentan, por lo general, los síntomas más raros... Voy a describírselos con todo detalle. Primero...

-Tío, eso nos lo cuenta usted otra vez-, interrumpe Pavel Alesandrovich-. ¿Y qué? ¿No es hora de que nos vayamos?

-Pues sí. Quizá otra vez. Después de todo, puede que no sea muy interesante de escuchar... Pero, de todos modos, es una enfermedad muy curiosa. Hay varios episodios... Recuérdame, amigo mío, que a la noche te cuente un caso en de-ta-lle...

-Pero escuche, príncipe -interrumpe una vez más Mar-ya Aleksandrovna-; debería usted tratar de curarse en el extranjero.

-¡En el extranjero! ¡Pues sí, sí! Iré sin falta al extranjero. Recuerdo que cuando estuve en el extranjero allá por los años 20 lo pa-sé muy bien. Estuve a punto de casarme con una vizcondesa francesa. Andaba yo entonces muy enamorado y quería consagrarle toda mi vida. Pero quien se casó con ella no fui yo, sino otro. ¡Caso más raro! Yo me ausenté un par de horas, y el otro, que era un barón alemán, salió triunfante. Más tarde pasó algún tiempo en un manicomio.

-Yo lo que decía, *cher prince,* es que necesita usted pensar seriamente en su salud. ¡Hay tan buenos médicos en el extranjero! Y, sobre todo, que vale la pena cambiar de vida! Sin duda alguna necesita usted salir de Duhanovo, aunque sea sólo por poco tiempo.

-Sin du-da al-gu-na. Hace ya tiempo que lo tengo resuelto, y ¿sabe usted? Pienso hacer una cura hi-dropática.

-¿Hidropática?

-Hidropática. Ya he hecho una. Estaba entonces en un balneario. Había allí una dama de Moscú..., no me acuerdo del nombre, sólo de que era una mujer sumamente poética, de unos setenta años. Estaba con ella una hija, de cincuenta, viuda, con una catarata en un ojo. Ésta también casi hablaba en verso. Más tarde le sucedió una desgracia: mató a una de sus criadas en un arrebato de ira y fue procesada. Ellas fueron las que me dieron la idea de hacer una cura de aguas. Yo, a decir verdad, no padecía de nada, pero ellas, machaconas, me decían: «¡Tome la cura, tome la cura!» Y por delicadeza empecé a beber agua y pensé que efectivamente me sentaría bien. Bebí a más y mejor, me bebí una cascada entera, y ¿saben ustedes? esta hidropatía es muy beneficiosa. Me hizo muchísimo provecho, hasta el punto de que si no hubiera acabado poniéndome enfermo, les aseguro que hubiera tenido muy buena salud...

-Esa conclusión está plenamente justificada. Dígame, tío, ¿ha estudiado usted lógica?

-¡Dios mío, qué cosas pregunta usted! -comenta con severidad la escandalizada Marya Aleksandrovna.

-La estudié, amigo mío, pero hace ya mucho tiempo. También estudié filosofía en Alemania, la estudié todo un curso, pero la olvidé toda ella en seguida. Pero... confieso... que me ha asustado usted tanto con esas enfermedades que... me ha dejado deshecho. Vuelvo en seguida...

-¿A dónde va usted, príncipe? -pregunta asombrada Marya Aleksandrovna.

-Vuelvo en seguida, en seguida... Sólo quiero apuntar un nuevo pensamiento... *Au revoir.*

-¿No es un tipo delicioso? -exclama Pavel Aleksandrovich retorciéndose de risa.

Marya Aleksandrovna pierde la paciencia.

-¡No comprendo, no comprendo en absoluto de qué se ríe usted! -dice con voz enojada-. ¡Burlarse así de un anciano venerable, ridiculizar cada palabra suya, abusar de su angélica bondad ... ! Me pone usted colorada de vergüenza, Pavel Aleksandrovich. A ver, ¿qué hay en él de ridículo? Yo no he visto nada en él que cause risa.

-¡Pero si no reconoce a la gente, si pierde el hilo cuando habla!

-Eso es consecuencia de la vida horrenda que lleva, de los cinco años de horrible reclusión, bajo la vigilancia de esa mujer abominable. Hay que tenerle lástima, y no reírse de él. Ni siquiera me reconoció a mí, ya lo vio usted. ¡Da grima, por así decirlo! Es absolutamente preciso salvarle. Le he propuesto que vaya al extranjero sólo con la esperanza de que pueda dar esquinazo a esa. .. tendera.

-¿Sabe usted lo que pienso? Pues que hace falta casarle, Marya Aleksandrovna- anuncia Pavel Aleksandrovích.

-¡Vuelta a las andadas! ¡Usted es incorregible, monsieur Mozglyakov!

-No, Marya Aleksandrovna, no. En esto hablo con completa seriedad. ¿Por qué no casarlo? Es una idea, *c'est une idée comme une autre.* Dígame por favor, ¿en qué puede perjudicarle? Al contrario, en una situación como la suya sólo una medida como ésa puede salvarle. Legalmente puede casarse todavía. En primer lugar, se verá libre de esa gorrona (disculpe la expresión). En segundo lugar, y lo que es más importante, figúrese que elige a una muchacha, o mejor aún, a una viuda, simpática, buena, sensata, tierna y, sobre todo, pobre, que le cuide como si fuera hija suya y que comprenda que él le ha hecho un favor casándose con ella. ¿Y quién mejor para él que una persona noble y sincera de su propia familia, que esté junto a él siempre, en lugar de esa... mujeruca? Por supuesto, tiene que ser de buen ver, porque a mi tío todavía le gustan las mujeres guapas. ¿Ha notado usted cómo miraba a Zinaida Afanasievna?

-¿Pero dónde hallará una novia como ésa? -pregunta Nastasya Petrovna, escuchando con atención.

-¡Ah, bien hablado! Pues usted misma, si lo tiene a bien. Permita la pregunta: ¿por qué no habría de ser usted la novia del príncipe? En primer lugar, es usted bonita; en segundo, viuda; en tercero, de buena familia; en cuarto, pobre (porque realmente no está usted muy bien de dinero); en quinto, es usted una señora discreta, y por tanto le querrá usted, le llevará en palmitas, mandará a esa mujer a freír espárragos, le llevará al extranjero, le dará de comer puré de semolina y dulces -todo ello hasta el momento en que diga adiós a este mundo efímero, cosa que ocurrirá al cabo de un año a quizás al cabo de dos o tres meses. Entonces será usted princesa, viuda rica, y como premio de su acción se casará con un marqués o un general. *C'est joi,* ¿verdad?

-¡Uf, Dios mío! ¡Me parece que si el pobre señor se me declarase me enamoraría de él de pura gratitud! -exclama la señora Zyablova, a quien le brillan los ojos negros y expresivos-. Pero todo eso... es absurdo.

-¿Absurdo? ¿Quiere usted que no lo sea? ¡Pídamelo de buenos modos y me puede cortar un dedo si mañana no es novia suya! No hay nada más fácil que engatusar a mi tío o convencerle de algo. A todo dice: «Pues sí, pues sí.» Ustedes mismas lo han oído. Lo casamos y ni se entera. Quizá lo engañamos y lo casamos. ¡Por su bien haga una obra de caridad ... ! Convendría que se pusiera su mejor vestido, por si acaso, Nastasya Pe trovna.

El entusiasmo de monsieur Mozglyakov llega al máximo. A la señora Zyablova, a pesar de su sensatez, se le hace la boca agua.

-Bien sé yo que, sin que me lo diga usted, estoy hecha hoy un adefesio -replica-. No me cuido de mi aspecto; hace ya mucho tiempo que no tengo ilusiones. Por eso estoy como estoy. ¿Qué? ¿No parezco una cocinera?

Mientras tanto Marya Aleksandrovna sigue sentada, con una extraña expresión en el rostro. No me equivoco si digo que ha escuchado la extraña propuesta de Pavel Aleksandrovich con cierta perplejidad... Por fin vuelve en su acuerdo.

-Sin duda todo eso está muy bien, pero es absurdo y ridículo; y, peor aún, es inoportuno -dice, interrumpiendo bruscamente a Mozglyakov.

-Pero, estimada Marya Aleksandrovna, ¿por qué ha de ser absurdo y ridículo?

-Por muchas razones, la principal de las cuales es que está usted en mi casa, que el príncipe es mi huésped y que no tolero que nadie se olvide del respeto que se debe a mi casa. Estimo que sus palabras son sólo una broma, Pavel Aleksandrovich. Pero, gracias a Dios, aquí viene el príncipe.

-¡Aquí estoy --exclama éste entrando en la habitación-. ¡Es asombroso, *cher ami,* cuántas ideas se me ocurren hoy! Otras veces, aunque no lo creas, no se me ocurre ninguna. Paso el día entero en blanco.

-Eso quizá se deba a la caída de hoy. Le ha sacudido los nervios y, por tanto...

-También yo lo atribuyo a eso, amigo mío, y creo que el accidente hasta me ha resultado pro- ve-cho-so. Tanto así que he decidido perdonar a mi Feofil. ¿Sabes lo que te digo? Que me parece que no atentó contra mi vida. ¿Qué crees tú? Además, ya fue castigado no hace mucho cuando le afeitaron la barba.

-¿Que le afeitaron la barba? ¡Pero si la tiene más grande que el Imperio Germánico!

-Pues sí, más grande que el Imperio Germánico. Por lo común, amigo mío, tienes mucha razón en lo que dices. Pero es postiza. Mira lo que pasó: me mandaron un catálogo anunciando que acababan de recibir del extranjero excelentes barbas para caballeros y cocheros, además de patillas, perillas, bigotes, etc., todo ello de la mejor calidad y a precios muy módicos. Decidí encargar una barba para ver cómo eran y pedí una de cochero, una verdadera maravilla de barba. Resultó, sin embargo, que la de Feofil, la suya propia, era casi el doble de grande. Y, claro, surgió una duda: ¿afeitarse la propia o devolver la encargada y quedarse con la natural? Después de pensarlo mucho acordé que lo mejor era que llevara la postiza.

-Probablemente, tío, por aquello de que el arte supera a la naturaleza.

-Precisamente. ¡Y qué pena le causó el que le afeitaran la barba! ¡Como si con ella hubiera perdido toda su carrera ... ! Pero ¿no es hora ya de que nos vayamos, querido?

-Estoy listo, tío.

-Espero, príncipe, que sólo vaya usted a ver al go bernador -exclama agitada Marya Aleksandrovna-. Usted es ahora mío, príncipe, y pertenece a esta familia todo el día de hoy. No quiero decirle nada, por supuesto, de la sociedad local. Quizá quiera usted visitar a Anna Nikolaevna y no tengo derecho a desengañarle; además de que estoy convencida de que el tiempo todo lo aclara. Pero recuerde que yo soy la anfitriona, la hermana, la madre, la enfermera de usted durante todo este día; y, lo confieso, príncipe, tiemblo por usted. Usted no conoce a esa gente, usted no la conoce todavía a fondo.

-Cuente conmigo, Marya Aleksandrovna -dice Mozglyakov-. Todo lo que le he prometido se cumplirá.

-¿Con usted, señor veleta? ¿Contar con usted? Le espero a comer, príncipe. Comemos temprano. ¡Y cuánto siento que en esta ocasión esté mi marido en el campo! ¡Le hubiera gustado tanto verle a usted! ¡Le admira a usted tanto, le tiene tanto afecto!

-¿Su.marido? ¿Pero tiene usted marido? -pregunta el príncipe.

-¡Ay, Dios mío, pero qué olvidadizo es usted, príncipe! Usted ha olvidado por completo, pero por completo, todo el pasado. ¿Es posible que no se acuerde de mi marido, Afanasi Matveich? Ahora está en el campo, pero antes le ha visto usted mil veces. ¿Recuerda, príncipe? Afanasi Matveich.

-¡Afanasi Matveich! ¡En el campo, hay que ver! *Mais c'est délicieux!* ¿Con que tiene usted marido? ¡Pues sí que es raro! Esto es exactamente igual que un *vaudeville:* el marido en la aldea y la mujer en .... dispénsenme, se me ha olvidado. La mujer parece que también había ido a otro sitio, a Tula, o a Yeroslavl; en fin, que sale un dicho muy festivo.

-El marido en la aldea y la mujer donde sea, tío -dice Mozglyakov acudiendo en su ayuda.

-Pues sí, pues sí. Gracias, amigo mío, eso es: donde sea. *¡Charmant, charmant!* Sale muy rimado. Tú siempre das con la rima, querido. Eso es, ahora me acuerdo: a Yaroslavl o a Kostroma ... ; bueno, que la mujer también va a algún sitio. *¡Charmant, charmant!* Pero se me ha olvidado un poco de qué estaba hablando... ¡Ah, sí! que nos vamos, amigo mío. Au *revoir, madame; adieu, ma charmante demoiselle* -añade el príncipe, volviéndose a Zina y besándose la punta de los dedos.

-¡A comer, príncipe, a comer! No se olvide de volver pronto -exclama tras él Marya Aleksandrovna.

V

-¿Quiere usted echar un vistazo en la cocina, Nastasya Petrovna? -dice después de acompañar al príncipe-. Me da el corazón que ese monstruo de Nikitka va a echar a perder la comida. Estoy segura de que está ya borracho.

Nastasya Petrovna obedece. Al salir dirige una mirada de desconfianza a Marya Aleksandrovna y nota en ella una agitación insólita. En lugar de ir a vigilar al monstruo Nikitka, Nastasya Petrovna entra en la sala, de ella pasa por un corredor a su propia habitación, y de ahí a un cuartucho oscuro que sirve de trastero, donde hay baúles, cuelgan algunos vestidos y se acumula, liada, la ropa sucia de toda la casa. Se acerca de puntillas a una puerta cerrada, retiene el aliento, se agacha, mira por el ojo de la cerradura y escucha. Esta puerta es una de las tres de esa misma habitación en que se han quedado Zina y su madre y está siempre herméticamente cerrada.

Marya Aleksandrovna tiene a Nastasya Petrovna por mujer taimada pero sumamente frívola. Por supuesto, se le ha ocurrido varias veces que Nastasya Petrovna es una fisgona sin escrúpulos. Pero en este momento Marya Aleksandrovna está tan absorta y agitada que se ha olvidado por completo de tomar ciertas precauciones. Se sienta en un sillón y mira con intención a Zina. Ésta nota los ojos posados en ella y empieza a sentir una desagradable opresión en el corazón.

-¡Zina!

Zina vuelve despacio hacia ella su rostro pálido y levanta sus ojos negros y pensativos.

-Zina, quiero hablar contigo de un asunto importantísimo.

Zina se vuelve ahora por completo a su madre, cruza los brazos y queda a la expectativa. En su cara se reflejan el enojo y el escarnio, que hace lo posible por ocultar.

-Quiero preguntarte, Zina, qué te ha parecido hoy *ese* Mozglyakov.

-Ya sabe usted desde hace tiempo lo que pienso de él -contesta Zina a regañadientes.

-Sí, *mon enfant,* pero me parece que se está volviendo demasiado importuno con sus... requisitorias.

-Dice que está enamorado de mí, y su importunidad es perdonable.

-¡Cosa rara! Tú antes no le perdonabas tan... benévolamente. Muy al contrario, le atacabas siempre que yo hablaba de él.

-También es cosa rara que usted siempre le defendía y estaba empeñada en que me casara con él, mientras que ahora es usted la primera en atacarle.

-O casi. No lo niego, Zina. Deseaba que te casaras con Mozglyakov. Me daba pena ver tu continua melancolía, tus sufrimientos, que bien podía comprender (a pesar de lo que pensaras de mí) y que me envenenaban el sueño. En fin, estaba segura de que te salvarías sólo mediante un cambio profundo en tu vida. Y tal cambio debería ser el matrimonio. No somos ricos y no podemos, por ejemplo, ir de viaje al extranjero. Los asnos de aquí se asombran de que tienes veintitrés años y aún no estás casada, y para explicarlo inventan toda clase de historias. ¿Crees acaso que te voy a casar con un funcionario de aquí o con Iván Ivanovich, nuestro ahogado? ¿Hay maridos para ti aquí? Mozglyakov, por supuesto, es una cabeza vacía, pero aun así es mejor que los otros. Su familia es decente, está bien relacionado, y tiene centenar y medio de siervos. Al fin y al cabo, esto es mejor que vivir de trapacerías, de sobornos o de sabe Dios qué otros tejemanejes. Por eso me fijé en él. Pero te juro que nunca sentí por él verdadera simpatía. Estoy segura de que el Altísimo mismo me puso en guardia. Y si Dios enviara ahora a alguien mejor, ¡qué bien que no le hayas dado palabra de ser su esposa! ¿Hoy seguramente no le habrás dicho nada?

-¿Para qué tantos rodeos, mamá, cuando todo el asunto se expresa en dos palabras? -pregunta Zina con brusco enojo.

-¿Rodeos, Zina, rodeos? ¿Y hablas así a tu madre? ¿ Pero qué digo? Hace ya mucho tiempo que no crees a tu madre. Hace ya mucho que me miras, no como madre, sino como enemiga tuya.

-¡Basta, mamá! ¿Vamos a reñir por una palabra? ¿Es que no nos comprendemos ya bien? Se diría que bastante tiempo ha habido para ello.

-¡Me insultas, hija mía! Tú no crees que estoy de cidída a todo, a todo, para asegurar tu porvenir.

Zina mira a su madre con ironía y enfado.

-¿No quiere usted casarme con ese príncipe para *asegurar* mi porvenir? -pregunta con una sonrisa extraña.

-Ni una palabra he dicho de eso, pero ya que aludes a ello diré que si por acaso te casaras con él sería para tu felicidad y no una locura.

-¡Y yo digo que eso es sencillamente absurdo! -exclama Zina con vehemencia-. ¡Absurdo, absurdo! Y digo además, mamá, que tiene usted demasiada inspiracion poética, que es usted una poetisa en el pleno sentido de la palabra. Así la llaman a usted aquí. No para usted de hacer proyectos, sin que le arredre el hecho de que son absurdos e imposibles. Ya presentía yo que algo de esto pensaba usted cuando estaba aquí el príncipe. Cuando Mozglyakov, haciendo el payaso, declaraba que era preciso casar a ese viejo, leí todos esos pensamientos en la cara de usted. Apuesto a que todavía piensa usted en ello y a que de ello quiere usted hablarme. Pero como sus continuos proyectos con respecto a mí empiezan a fastidiarme hasta más no poder, empiezan a atormentarme, le pido que no me diga una palabra de eso, ¿oye usted, mamá? ni una palabra. Y quisiera que se acordara usted de lo que digo-. La ira la ahogaba.

-Eres una niña, Zina, una niña irascible y enferma -respondió Marya Aleksandrovna con voz conmovida y llorosa-. Me hablas sin miramiento y me insultas. No hay madre que aguante lo que yo aguanto de ti un día tras otro. Pero estás nerviosa, estás enferma, sufres, y yo soy madre y sobre todo cristiana. Debo sobrellevarlo todo y perdonar. Ahora bien, una palabra, Zina. Suponiendo que, en efecto, yo haya soñado con ese enlace, ¿por qué, dime, lo consideras absurdo? A mi juicio, Mozglyakov nunca ha hablado con más sentido que cuando demostraba que al príncipe le es absolutamente preciso casarse y, por supuesto, que no con esa asquerosa de Nastasya. En eso sí que desbarró.

-¡Escuche, mamá! Dígame sin equívocos: ¿Pregunta usted eso sólo por curiosidad o con intención?

-Sólo pregunto que por qué te parece tan absurdo.

-¡Qué fastidio! ¡Valiente destino! -exclama Zina, golpeando impacientemente el suelo con el pie-. Ahora verá usted por qué, si todavía no lo sabe y sin hablar de los demás absurdos: aprovecharse de que el vejete tiene la cabeza ida, engañarle, casarse con él, con un inválido, para sacarle el dinero y después, cada día y a cada hora, desear su muerte. A mi parecer, esto no es sólo absurdo, sino que es algo tan vil, tan vil, que no la felicito a usted por tener tales pensamientos, mamá.

Durante un instante guardaron silencio.

-Zina, ¿te acuerdas de lo que pasó hace dos años? -preguntó de pronto Marya Aleksandrovna.

Zina sintió un escalofrío.

-¡Mamá! -dijo con voz severa-. ¡Usted prometió solemnemente no volver a recordármelo!

-Y ahora te pido solemnemente, hija mía, que me permitas quebrantar la promesa sólo una vez, esa promesa que nunca he dejado de cumplir hasta ahora. Zina, ha llegado el momento de que nos expliquemos con toda claridad. Estos dos años de silencio han sido horribles. Las cosas no pueden seguir así... Te pido de rodillas que me dejes hablar. ¿Oyes, Zina? Tu propia madre te lo pide de rodillas. Al mismo tiempo te doy mi palabra solemne (palabra de una madre desgraciada que adora a su hija) de que nunca volveré a hablar de ello, nunca, de ninguna forma, en ningunas circunstancias, aunque de ello dependa la salvación de mi vida. Será la última vez pero ahora es indispensable.

Marya Aleksandrovna contaba con el efecto total que producirían sus palabras.

-Hable usted -dijo Zina poniéndose perceptiblemente pálida.

-Te lo agradezco, Zina. Hace dos años le pusimos un tutor a tu hermano menor, el pobrecito Mitya...

-¿Por qué empieza usted de manera tan solemne, mamá? ¿A qué viene esa retórica? ¿A qué vienen todos esos detalles, que no son en absoluto necesarios, que son penosos y que las dos conocemos demasiado bien? -interrumpió Zina con despechada repugnancia.

-Pues a lo que eso viene, hija mía, es a que yo, tu madre, estoy ahora obligada a justificarme ante ti; a que quiero presentarte todo este asunto desde otro punto de vista, y no desde ese punto de vista equivocado en que tú acostumbras a verlo; y, por último, a que quiero que entiendas bien la conclusión que pienso sacar de todo esto. No creas, hija mía, que quiero jugar con tu corazón. No, Zina. Descubrirás en mí a una verdadera madre y quizá, derramando lágrimas, a mis pies, de esta *vil mujer,* como me llamabas hace un momento, pedirás la reconciliación que hasta ahora, y desde hace tanto tiempo, vienes rechazando con altivez. He ahí por qué quiero decirlo todo, Zina, todo, desde el mismísimo principio. De lo contrario callaré.

-Hable usted -repitió Zina, maldiciendo de todo corazón la necesidad de retórica que sentía su madre.

-Prosigo, Zina. Ese maestro de la escuela del distrito, casi un muchacho todavía, produjo en ti una impresión que me resulta por completo incomprensible. Yo confiaba demasiado en tu discreción, en tu noble orgullo, y sobre todo en el hecho de que él era un don Nadie -porque así hay que decirlo- para sospechar que hubiera algo entre vosotros. Y de repente vienes a anunciarme que piensas casarte con él. ¡Zina, eso fue una puñalada en mi corazón! Pero... tú recuerdas todo eso. Por supuesto que juzgué necesario recurrir a toda mi autoridad, que tú llamas tiranía. Mira, si no: un muchacho, hijo de un sacristán, que cobra doce rublos al mes, un emborronador de versos ripiosos que de lástima le publica la «Biblioteca para la Lectura», un cualquiera que no sabe hablar más que de ese maldito Shakespeare --ese muchacho ¡tu marido, el marido de Zinaida Moskalyona! ¡Pero eso es digno de Florian y sus pastorcillos! Perdona, Zina, pero sólo recordarlo me saca de quicio. Yo le rechacé a él, pero a ti no hay autoridad alguna capaz de sujetarte. Tu padre, claro, se limitó a poner cara de tonto y ni siquiera se enteró de lo que yo quería explicarle. Tú seguiste manteniendo relaciones con el muchacho, incluso tuviste entrevistas con él, y lo peor de todo es que hasta decidiste cartearte con él. Empezaron a correr rumores por la ciudad. A mí comenzaron a lanzarme indirectas. La gente se regocijaba, trompeteaba el asunto, y de repente todos mis augurios se volvieron realidades insoslayables. Vosotros reñisteis, no sé por qué, y él se comportó como un rapazuelo (no puedo llamarle hombre) enteramente indigno de ti, amenazándote con dar a conocer tus cartas en el pueblo. Indignada ante tal amenaza, tú perdiste los estribos y le diste una bofetada. ¡Sí, Zina, hasta ese detalle me ha conocido! El desgraciado, ese mismo día, enseña una de tus cartas al sinvergüenza de Zaushin y una hora después esa carta está en casa de Natalya Dmitrievna, mi enemiga mortal. Esa misma noche ese loco, arrepentido, hace una estúpida tentativa de envenenarse. En suma, el escándalo llegó al colmo. Esta asquerosa de Nastasya viene a verme corriendo, llena de miedo, con la horrible noticia de que desde hace una hora la carta está en manos de Natalya Dmitrievna y que en dos horas más la ciudad entera conocerá tu deshonra. Saqué fuerzas de flaqueza, no me desmayé, pero ¡que golpe diste a mi corazón, Zina! Esta desvergonzada, este monstruo, Nastasya, pide doscientos rublos y jura que con esa cantidad puede obtener la devolución de la carta. Yo misma, en zapatillas, por la nieve, corrí a casa del judío Bumstein a empeñar mi estuche de joyas, recuerdo de una mujer honrada, de mi madre. Dos horas después la carta estaba en mis manos. Nastasya la había sustraído. Rompió un cofre y tu honor quedó a salvo, porque ya no había prueba de nada. ¡Pero con qué ansiedad me obligaste a pasar ese día! ¡Al día siguiente, Zina, noté que me habían salido las primeras canas! Juzga tú misma ahora de la conducta de ese muchacho. Tu misma convendrás ahora, y quizá con una amarga sonrisa, que hubiera sido el colmo de la imprudencia confiarle tu porvenir. Pero desde entonces, hija mía, vives angustiada, atormentada. No puedes olvidarle, aunque, mejor dicho, no se trata de él, pues fue siempre indigno de ti, sino del espectro de tu pasada felicidad. Ese desgraciado está ahora en su lecho de muerte. Dicen que está tísico, y tú, ángel de bondad, tú no quieres casarte mientras viva para no desgarrarle el corazón, porque aun ahora sigue teniendo celos, aunque estoy segura de que nunca te quiso con amor genuino y exaltado. Sé que cuando oyó que Mozglyakov te pretendía te espió, mandó furtivamente a enterarse, buscó detalles. Tú tratas de ahorrarle pena, hija mía, te conozco, y Dios sabe cómo riego la almohada con mis lágrimas...

-¡Vamos, mamá, deje usted eso! -interrumpe Zina con aguda irritación-. ¿Para qué sacar a relucir su almohada? -agrega con acritud-. ¡Basta ya de declamación y ringorrangos!

-¡Tú no me crees, Zina! ¡No me mires con hostilidad, hija mía! No he cesado de llorar en estos dos últimos años, pero te he ocultado mis lágrimas y te juro que yo también he cambiado mucho en ese tiempo. Hace ya mucho que comprendo tus sentimientos, y confieso que sólo ahora he llegado a entender toda la intensidad de tu angustia. ¿Cabe acusarme, hija mía, de haber mirado esa inclinación tuya como romanticismo, provocado por ese maldito Shakespeare, que de propósito mete la nariz donde no le llaman? ¿Qué madre me condenará por mi susto de entonces, por las medidas que tomé y por el rigor de mi sentencia? Pero ahora, ahora, viendo estos dos años de sufrimiento tuyo, comprendo y aprecio tus sentimientos. ¡Créeme que te comprendo quizá mucho mejor de lo que tú te comprendes a ti misma! Estoy convencida de que no sientes cariño por él, por ese muchacho tan poco natural, sino por tus sueños dorados, por tu felicidad perdida, por tus altos ideales. Yo también he amado, y quizá más hondamente que tú. Yo también he sufrido. Yo también he tenido mis altos ideales. ¿Quién puede culparme por ello? Y, sobre todo, ¿puedes tú condenarme por ver en un enlace con el príncipe una solución salvadora a la vez que indispensable para ti en tu situación actual?

Zina escucha con asombro esta larga declamación, bien persuadida de que su madre no adoptaría este tono sin motivo. La conclusión final, inesperada, la deja consternada de veras.

-¿Pero en serio se propone usted casarme con ese príncipe? -gritó asombrada y mirando a su madre casi con espanto-. ¿Con que va no se trata sólo de sueños ni de proyectos, sino de una firme intención suya? ¿Con que yo llevaba razón? ¿Y... y... y... de qué manera me salva ese casamiento y por que es indispensable en mi situación actual? ¿Y de qué manera se relaciona esto con lo que acaba usted de decir, con toda esa historia? Francamente, no la comprendo a usted mama.

-Y yo me asombro, *mon ange*, de que no puedas comprenderlo -exclama Marya Aleksandrovna, animándose a su vez-. En primer lugar, aunque sólo sea porque entras en otra sociedad, en otro mundo. Te vas para siempre de este poblacho indecente, lleno de horribles recuerdos para ti, donde no gozas de ningún amigos, donde te han calumniado, donde todas esas urracas te odian por tu belleza. Puedes incluso ir esta misma primavera al extranjero, a Italia, a Suiza, a España, Zina, a España, donde está la Alhambra, donde está el Guadalquivir, y no este riachuelo repulsivo de aquí que tiene un nombre tan feo...

-Pero, perdón, mamá. Usted habla como sí yo ya estuviera casada, o al menos como si el príncipe hubiera pedido mi mano.

-No te preocupes por eso, ángel mío, porque sé lo que me digo. Pero déjame seguir. Ya he dicho lo *primero*, ahora viene lo *segundo*. Comprendo, hija mía la repugnancia con que darías tu mano a ese Mozglyakov...

-Aun sin decirlo usted, sé que nunca seré su esposa -replica con ardor Zina y con brillo en los ojos.

-¡Si supieras qué bien comprendo tu repugnancia hija mía! Es terrible jurar amor ante el altar de Dios a quien no se puede amar. Es terrible pertenecer a quien ni siquiera se tiene respeto. Pero él exige tu amor; para eso se casa; y lo sé por las miradas que te dirige cuando le vuelves la espalda. ¡Y cómo hay que fingir! Yo también conozco eso desde hace veinticinco años Tu padre echó a perder mi vida, se sorbió toda mi juventud, por así decirlo. ¡Y cuántas veces tú has visto mis lágrimas!

-Papá está en el campo. Déjelo en paz, por favor -responde Zina.

-Sé que tú siempre te pones de su parte. ¡Ay, Zina! El corazón se me paraba cuando, por conveniencia deseaba tu casamiento con Mozglyakov. Por otra parte, con el príncipe no hay por qué fingir. Bien claro está que no puedes amarle... con amor, puesto que ya no es capaz de exigir ese amor...

-¡Dios mío, qué absurdo! Pero le aseguro que se equivoca usted desde el principio, y en lo primero y principal. ¡Sepa usted que no quiero sacrificarme sin saber por qué! Sepa usted que no quiero casarme por nada del mundo, con nadie, y que me quedaré soltera. Durante dos años ha estado usted importunándome porque no me casaba. Bueno, ahora necesita usted acostumbrarse a la idea. No quiero, y basta. ¡Así habrá de ser!

-¡Pero, alma mía, Zinochka, no te sulfures, por amor de Dios, sin haber oído el resto! ¡Pero qué cabeza tan fogosa tienes! ¡De veras! Déjame mirar el asunto desde mi punto de vista y en seguida estarás conforme conmigo. El príncipe vivira un año, dos a lo más, y en mi opinión más vale ser una viuda joven que una solterona madura. Sin contar con que tú, muerto él, quedas como princesa, libre, rica, independiente. Quizá tú, hija mía, miras con repugnancia todos estos cálculos, cálculos basados en su muerte. Pero yo soy madre, ¿y qué madre me condenará por ser larga de vista? Finalmente, si tú, ángel de bondad,,, todavía sientes compasión por ese muchacho hasta el extremo de que no quieres casarte mientras viva (que es lo que yo sospecho), piensa entonces que, casándote con el príncipe, le resucitarás en espíritu, le llenarás de gozo! Si tiene una pizca de sentido común, comprenderá por supuesto que tener celos del príncipe es impertinente, ridículo; que te casaste por conveniencia, por necesidad. Por último, comprenderá..., en fin, sólo quiero decir que cuando muera el príncipe puedes volver, a casarte con quien te dé la gana...

-En resumen, que se trata de casarse con el príncipe, desplumarle y contar luego con su muerte para casarse con el amante. ¡Qué bien hace usted sus cuentas! Usted quiere seducirme, proponiéndome... La comprendo a usted, mamá, la comprendo por completo. No puede dejar de manifestar sus nobles sentimientos incluso en un negocio ruin. Hubiera sido mejor y mas sencillo decir: «Zina, esto es una bajeza, pero es una bajeza provechosa; por lo tanto, acéptale.» Eso, al menos, hubiera sido más franco.

-Pero, hija mía, ¿por qué mirarlo desde ese punto de vista? ¿Desde el punto de vista del engaño, la insidia o el afán de lucro? Consideras mis cálculos como una bajeza, como un fraude; pero, por lo que hay de más sagrado, ¿dónde está el fraude, dónde la bajeza? Mírate en el espejo: eres tan hermosa que por ti se podría dar un reino. ¡Y de pronto tú, una belleza, sacrificas a un anciano tus mejores años! Tú, cual hermosa estrella, iluminas el ocaso de su vida. Tú, como verde hiedra, te abrazas a su vejez. Tú, y no ese cardo, esa mujer detestable que le ha embrujado y que le chupa los tuétanos con avidez. ¿Es posible que su dinero que su título valgan más que tú? ¿Dónde están la bajeza y el engaño? Zina, tú no sabes lo que dices.

-Quizá lo valgan, pues es preciso casarse por ello con un carcamal. ¡Engaño y nada más que engaño mamá, cualesquiera que sean sus fines!

-Al contrario, querida, al contrario. Esto cabe mirarlo desde un punto de vista elevado, hasta cristiano. En cierta ocasión tú misma, en un momento de exaltación, me dijiste que querías hacerte hermana de la caridad. Tu corazón sufría, estaba endurecido. Decías (y esto lo sé) que ya no podrías amar. Si no crees en el amor dirige tus pensamientos a otro objetivo más alto, dirígelos sinceramente, como un niño con su fe y su santidad, y Dios te bendecirá. Este anciano también ha sufrido; es desgraciado, perseguido. Yo le conozco desde hace años y siempre he sentido por él una extraña simpatía, una especie de amor, como si presintiera algo. Sé su amiga, sé su hija, sé, si cabe, hasta su juguete -si hay que decirlo todo-, pero conforta su corazón y obrarás por amor de Dios y la virtud. Que es un ser ridículo, no te fijes en ello. Que es sólo un medio-hombre, apiádate de él, pues eres cristiana. ¡Haz un esfuerzo! Tales hazañas son dificultosas. Para nosotras es penoso vendar heridas en un hospital y es repugnante respirar el aire infecto de un lazareto. Pero hay ángeles de Dios que hacen eso y dan gracias al Señor por su vocación. Ahí tienes el remedio para tu corazón doliente: quehaceres, sacrificios. Así curarás tus propias heridas. ¿Dónde está el egoísmo, dónde la bajeza? Pero no me crees. Piensas acaso que estoy fingiendo cuando hablo de deberes, de sacrificios. No puedes comprender cómo yo, mujer mundana, frívola, puedo tener corazón, sentimientos, principios. Pues bien, no me creas, insulta a tu madre, pero admite que sus palabras son razonables y confortantes. Imagínate que no soy yo la que habla, sino otra persona. Cierra los ojos, vuelve la cara a la pared, piensa que te habla una voz invisible... ¿Es que lo que más te molesta es que todo esto se hace por dinero, como un negocio de compraventa? ¡Pues bien, rechaza el dinero, si el dinero te repugna! Quédate con el indispensable y reparte el resto entre los pobres. Por ejemplo, ayuda a ese desgraciado que está a las puertas de la muerte.

-No aceptará ayuda ninguna -dice Zina en voz baja, como para sus adentros.

-Él no la aceptará, pero su madre sí -responde Marya Aleksandrovna triunfante-. Sin que él se entere. Tú vendiste tus pendientes, que eran un regalo de tu tía, y le ayudaste hace medio año. Lo sé. Sé que la vieja plancha ropa ajena para dar de comer a su desgraciado hijo.

-Pronto no le hará falta ninguna ayuda.

-También sé a qué aludes -afirma Marya Aleksandrovna, y en su rostro se dibuja una inspiración, una verdadera inspiración-. Sé de qué hablas. Dicen que está tísico y que morirá pronto. ¿Pero quién lo dice? Hace unos días pregunté adrede por él a Kallist Stanislavich y me contestó que, en efecto, la dolencia es peligrosa, pero que está convencido de que el pobre no está tuberculoso todavía, sino que sólo padece de una grave afección al pecho. Pregúntale tú misma. A decir verdad, me dijo que en otras circunstancias, sobre todo con un cambio de clima y de impresiones, el enfermo podría recobrar la salud. Me dijo que en España -y esto ya lo he oído yo antes e incluso lo he leído hay una isla extraordinaria, Málaga creo que se llama .... en fin algo que suena a vino, donde no sólo los enfermos del pecho, sino los verdaderos tuberculosos se curan por completo con sólo el clima, y que allí van de propósito a curarse los nobles, por supuesto, y quizá también los comerciantes, pero unicamente los que son muy ricos. Pero aunque no sea mas que esa Alhambra mágica, esos mirtos, esos limoneros, esos españoles en sus mulas..., ya esto, por sí solo, produce una extraordinaria impresión en un temperamento poético. ¿Crees tú que no aceptará tu ayuda, tu dinero para ese viaje? Entonces engáñale, si te da lástima. El engaño es perdonable cuando se trata de salvar una vida humana. Dale esperanza, prométele incluso tu amor; dile que te casarás con él cuando enviudes. Todo se puede decir en este mundo si se dice noblemente. Tu madre, Zina, no te enseñará nada innoble. Todo eso lo harás por la salvación de su vida y, por lo tanto, todo eso es permisible. Resucitará su esperanza; él mismo empezara a cuidar de su salud, a curarse, a obedecer a los médicos. Tatará de salvarse para la felicidad. Si recobra la salud, aunque no te cases con él, por lo menos la habrá recobrado, y tú le habrás devuelto la vida, le habrás salvado. En fin, hasta es posible mirarle con compasión. Quizá el destino le habrá dado una lección, le habrá hecho hombre mejor, y si al menos llega a ser digno de ti, pues ¿por qué no? te casas con él cuando quedes viuda. Serás rica, independiente. Después de curarle podrás facilitarle una posición en el mundo, una carrera. Tu casamiento con él será entonces más perdonable que ahora, cuando es imposible. ¿Qué os esperaría a los dos si decidierais ahora cometer esa locura? El desprecio general, la pobreza, el tirar de la oreja a chicos mugrientos, porque eso es parte de su oficio, la lectura conjunta de Shakespeare, el vivir para siempre en Mordasov y, por último, la muerte próxima e inevitable; mientras que, salvándole, le salvarás para una vida útil y virtuosa; perdonándole, le darás esperanza y le reconciliarás consigo mismo. Puede ingresar en la administración pública, alcanzar un puesto en una oficina del Estado. Por último, suponiendo que no recobre la salud, morirá feliz, en paz consigo mismo, en tus brazos, porque tú podrás estar a su lado en esos momentos, seguro de tu amor, perdonado por ti, a la sombra de los mirtos, de los limoneros, bajo un cielo exótico y azul. ¡Oh, Zina, todo eso está en tus manos! ¡Todas las ventajas están de tu parte, y todo ello mediante el matrimonio con el príncipe!

Marya Aleksandrovna acaba. Hay un silencio bastante largo. Zina muestra una agudísima agitación.

Nosotros no intentaremos describir los sentimientos de Zina porque no podemos sospecharlos. Pero parece que Marya Aleksandrovna ha encontrado una vía practicable al corazón de su hija. Sin saber el estado del corazón de ésta, ha ido pulsando todas las cuerdas hasta dar por fin con la más conveniente. Ha ido palpando rudamente los puntos más sensibles del corazón de Zina y, claro, por la fuerza de la costumbre, no ha dejado de sacar a relucir sus nobles sentimientos que, por supuesto, no han deslumbrado a su hija. «¿Pero qué importa que no me crea -piensa Marya Alesandrovna con tal que la obligue a pensar? ¿Habré aludido con claridad a temas que no debo tocar abiertamente?» Así ha pensado y ha dado en el blanco. El efecto ha sido positivo. Zina ha escuchado con avidez. Ha tenido las mejillas encendidas y le ha palpitado el pecho.

-Escuche, mamá -dice por fin con voz decidida, aunque la repentina palidez de su rostro muestra a las claras cuánto le cuesta esa decisión-. Escuche, mamá...

Pero en ese momento un rumor repentino que llega del vestíbulo, junto con una voz aguda y chillona que pregunta por Marya Aleksandrovna, obligan a Zina a callar. Marya Aleksandroyna se levanta de un salto

-¡Dios santo! -grita-. ¡El demonio nos trae a esa urraca! ¡La coronela! ¡Pero si casi la eché de aquí hace quince días! -agrega casi desesperada-. Pero es imposible no recibirla ahora. ¡Imposible! Seguramente trae noticias, de lo contrario no se atrevería a asomar por aquí. Esto es importante, Zina. Tengo que enterarme... ¡Ahora no puede una descuidarse!

¡Pero cuánto le agradezco su visita! ---exclama saliendo al encuentro de la señora que entra-. ¿Cómo se le ha ocurrido pensar en mí, estimadísima Sofya Petrovna?

¡Qué en-can-ta-do-ra sorpresa!

Zina sale corriendo de la habitación.

VI

La coronela, Sofya Petrovna Farpuhina, se asemeja a una urraca sólo en lo moral. En lo físico parece mas bien un gorrión. Es una pequeña dama cincuentona, de ojillos penetrantes, pecosa y con manchas amarillas por toda la cara. Sobre su exiguo y enjuto corpezuelo, sostenido por unas patitas de gorrión fuertes y flacas, lleva un vestido de seda oscuro que susurra de continuo porque la coronela no puede estarse quieta más de dos segundos. Es una cotilla siniestra y vengativa. Está pagada hasta la chifladura de ser esposa de un coronel. Riñe a menudo a su marido, coronel retirado, y le araña la cara. Por añadidura, se bebe cuatro vasos de vodka por la mañana v otros tantos por la tarde, y odia hasta la locura a Anna Nikolaevna Antippva, que la ha echado de su casa la semana pasada, y a Ntly Dmitrievn Paskudina, que ha colaborado en esa empresa.

-Me detengo sólo un minuto, *mon ange* -gorjea-. No sé por qué me he sentado. He venido a decirle que aquí están pasando cosas muy raras. ¡Toda la ciudad se ha vuelto loca, ni más ni menos, con ese príncipe! Nuestras viejas raposas, *vouz comprenez*, le acaparan, le persiguen, le traen y le llevan en palmito, beben champaña..., parece mentira, parece mentira. ¿Pero por qué le ha dejado usted apartarse de su lado? ¿Sabe usted que ahora está en casa de Natalya Dmitrievna?

-¿En casa de Natalya Dmitrievna? -exclama Marya Alesandrovna saltando de su asiento-. ¡Pero si ¡Iba sólo a ver al gobernador y luego, quizá, a casa de Anna Nikolaevna, aunque nada más que un ratito!

-¡Pues sí, nada más que un ratito! ¡Vaya usted a cogerle ahora! No encontró al gobernador en casa, luego fue a ver a Anna Nikolaevna, le dio palabra de comer con ella, y Natalya Dmitrievna, que ahora no sale de allí, se lo llevó a almorzar a su propia casa. ¡Ahí tiene usted al príncipe!

-¿ Y qué de... Mozglyakov? Porque él prometió...

-¡Vaya con su Mozglyakov! Piensa usted bien de él, ¿eh? También se fue con ellos. Ya verá usted cómo le hacen jugar a las cartas y perderá otra vez como perdió el año pasado! ¡Y al príncipe también le harán jugar! ¡Lo dejarán en cueros! ¿Y las cosas que cuenta esa Natalya? Dice a voz en cuello que quiere usted atraerse al príncipe, bueno... con el propósito consabido, *vouz comprenez*. Ella misma se lo explica. Claro que él no entiende palabra, sigue en su asiento como un gato mojado y a cada momento dice: «Pues sí, pues sí.» Y ella misma, ella misma le pone delante a su Sonka - figúrese, quince años y todavía viste de corto, así, sólo hasta la rodilla, y ya puede usted imaginarse... Mandaron a buscar a esa huerfanita Maskha, que también está de corto, sólo que por encima de la rodilla -la miré con los impertinentes-. Les colocaron en la cabeza unas caperuzas rojas con plumas..., no sé qué significa eso, e hicieron bailar la *kazachka* a las dos urraquitas acompañadas por el piano. Bueno, ya conoce usted el punto débil de este príncipe. Nada, que se derritió: «¡Formas -decía-, formas!» Las miraba con sus impertinentes y ellas, las dos urracas, ¡a ver cuál se destacaba más! Estaban subidas de color, echaban las piernas por alto, y se armó tal jarana que hasta la servidumbre quedó avergonzada, no le digo más. ¡Y a eso llaman baile! Yo también bailé con un chal en la fiesta de despedida del excelente pensionado de madame Jarnis ¡y cause muy buena impresión! ¡Me aplaudieron unos senadores! ¡Allí se educaban hijas de príncipes y condes! Pero esto de aquí no es mas que un cancán. ¡Me puse colorada de vergüenza, colorada, colorada! En fin, que no pude aguantarlo más y me fui.

-¿Pero... ha estado usted también en casa de Natalya Dmitrievna? Pero si usted...

-Bueno, sí, me insultó la semana pasada. Se lo digo a todo el mundo sin rodeos. *Mais, ma chére,* yo quería ver a ese príncipe aunque sólo fuera por un resquicio de la puerta. También fui. Si no, ¿dónde hubiera podído verlo? ¿Cree usted que hubiera ido a esa casa si no hubiera sido por ese miserable principejo? Figúrese que sirvieron chocolate a todo el mundo menos a mí, y ni siquiera me dirigieron la palabra durante todo ese tiempo. Ella lo hizo de propósito... ¡Barril de mujer, ya me las pagará! Pero adiós, *mon ange,* voy con prisa, con mucha prisa... Necesito encontrar a Akulina Panfilovna y contárselo todo... Ahora despídase usted del príncipe, porque en esta casa ya no le verá usted. Ya sabe usted que no tiene memoria; con que Anna Nikolaevna de seguro que se lo lleva consigo. Todas temen que usted... ¿comprende? por Zina.

-*¡Quelle horreur!*

-Igual que se lo cuento. Toda la ciudad habla de ello. Anna Nikolaevna quiere retenerle a toda costa para comer, y después para siempre. Lo hace por la inquina que le tiene a usted, *mon ange.* La he visto en el patio, por una rendija. ¡Qué bullicio que hay allí! Estaban preparando la comida, rechinaban los cuchillos..., han mandado por champaña... Dése usted prisa, mucha prisa, y cójale en el camino cuando vaya a casa de ella. Porque, al fin y al cabo, la de usted fue la primera invitación a comer que aceptó. Es el invitado de usted, no de ella. ¡Vamos, que estaría bueno que se riera de usted esa vieja zancarrona, esa intriganta, esa daifa! ¡Si no vale una suela de mi zapato por muy fiscala que sea! ¡Yo soy coronela! Yo me eduqué en el excelente pensionado de madame Jarnis... ¡qué se creerá ella! *Mais adieu, mon ange.* He venido en mi propio trineo, que si no, me iba con usted en el suyo.

La gaceta ambulante desaparece. Marya Aleksandrovna tiembla de agitación, pero el consejo de la coronela resulta sobremanera claro y práctico. No hay tiempo que perder. Aún queda, sin embargo, el obstáculo más importante. Marya Aleksandrovna corre al cuarto de Zina.

Zina va y viene por él, pálida y angustiada, con los brazos cruzados y la cabeza gacha. Tiene lágrimas en los ojos, pero en la mirada que lanza a su madre hay resolución. Se enjuga las lágrimas precipitadamente y una sonrisa irónica aparece en sus labios.

-¡Mamá -dice anticipando a Marya Aleksandrovna-, hace un momento ha gastado usted en balde conmigo mucha retórica, demasiada retórica! Pero no me ha deslumbrado usted. No soy una niña. Persuadirme de que cumplo la misión de una hermana de la caridad, no teniendo para ello la menor vocación, justificar la bajeza que se hace sólo por egoísmo fingiendo que tiene un noble propósito, todo eso es de una trapacería tal que no puede engañarme. ¡óigame bien: no ha podido engañarme y quiero que lo sepa usted bien!

-¡Pero, *mon age...*! -exclama intimidada Marya Aleksandrovna.

-¡Céllese, mamá! Tenga paciencia para escucharme hasta el fin. A pesar de tener plena conciencia de que esto no es más que una trapacería, a pesar de mi pleno convencimiento de que esta conducta es enteramente innoble, acepto por completo su propuesta, ¿oye? *por completo,* y le anuncio que estoy dispuesta a casarme con el príncipe, dispuesta incluso a ayudar con todas mis fuerzas a inducirle a que se case conmigo. ¿Por qué hago esto? No tiene usted por qué saberlo. Baste el hecho de que estoy decidida. Estoy decidida a todo: le pondré las botas, seré su criada, bailaré para tenerle contento, para resarcirle de mi vileza, haré uso de cuanto haya a mano para que no se arrepienta de haberse casado conmigo. Pero a cambio de mi decisión exijo que me diga usted claramente cómo piensa arreglar el asunto. Puesto que ha empezado usted a hablar de ello con tanta insistencia, la conozco demasiado bien para saber que no lo hubiera hecho usted sin tener ya en la cabeza un plan determinado. Sea franca al menos una vez en su vida. La franqueza es condición indispensable. No puedo decidirme sin saber exactamente cómo piensa usted hacer todo eso.

A Marya Aleksandrovna la deja tan perpleja la in esperada conclusión de Zina que queda muda e inmóvil de asombro ante ella, mirándola con los ojos muy abiertos. Estaba dispuesta a luchar con el obstinado romanticismo de su hija, cuya severa probidad le ha causado miedo siempre, y ahora oye de pronto que Zina está plenamente de acuerdo con ella y dispuesta a todo, e pesar de sus convicciones. El proyecto, pues, tiene ahora un firmísimo asiento. Sus ojos brillan de gozo.

-¡Zinochka! -exclama en un rapto de entusiasmo ¡Zinochka! ¡Eres carne y sangre mía! No puede decir mas y corre a abrazar a su hija.

-¡Ay, Dios mío! No le pido sus caricias, mamá -responde Zina con impaciente repugnancia-. ¡No necesito sus entusiasmos! Exijo contestación a mi pregunta y nada más.

-¡Pero, Zina, yo te quiero! Yo te adoro y tú me re chazas... Ya sabes que mis afanes son por tu felicidad...

Le brillan los ojos de lágrimas sinceras. Marya Aleksandrovna quiere a Zina de veras, *a su manera*, y en esta ocasión la tienen muy conmovida la agitación y el éxito. Zina, a pesar de cierta iluminación en su modo actual de ver las cosas, comprende que su madre la quiere y... se siente agobiada por ese cariño. Mejor sería que su madre la odiara...

-Bueno, mamá, no se enfade. ¡Estoy tan agitada! -dice para tranquilizarla.

-Si no me enfado, si no me enfado, angelito mío -gorjea Marya Aleksandrovna animándose al instante-. Ya sé que estás agitada. Bueno, hija mía, pides franqueza... Pues bien, seré franca, completamente franca, te lo aseguro. ¡Si al menos me creyeras! En primer lugar, Zina, te diré que aún no tengo un plan enteramente elaborado, o sea, en todos sus detalles, ni, por supuesto, podría tenerlo. Tú, con tu cabecita inteligente, comprenderás por qué. Preveo incluso algunas dificultades... Hace un momento esa urraca me ha trastornado con sus chismes... (¡Ay, Dios mío, habrá que darse prisa!) Ves que soy enteramente franca. ¡Pero te juro que lograré mi propósito! -añade con entusiasmo-. Mi confianza no tiene nada de poesía, como tú decías hace una rato, ángel mío; está basada en los hechos; está basada en la chochez innegable del príncipe .... y éste es un cañonazo en el que se puede bordar lo que se quiera. Lo importante es que nadie se entrome ta. ¡Si se creerán esas imbéciles que pueden ganarme en gra mática parda! --exclama, dando un puñetazo en la mesa y echando chispas por los ojos-. Esto corre de mi cuenta. Y lo más necesario es empezar cuanto antes para poder terminar lo más importante hoy mismo, si es posible.

-Bien, mamá. Ahora escuche una... franqueza más. ¿Sabe por qué me intereso tanto por su plan y no tengo confianza en él? Pues porque no tengo confianza en mí misma. Ya he dicho que estoy resuelta a cometer esa bajeza; pero si los detalles del plan de usted resultan demasiado repugnantes, demasiado sucios, le advierto que no lo toleraré y que lo abandonaré todo. Sé que esto es otra bajeza: decidirse a hacer algo vil y no querer meterse en el fango en que flota la vileza; pero no hay más remedio: así tiene que ser.

-Pero, Zinochka, mon ange, ¿dónde está esa vileza tan particular? -objeta Marya Aleksandrovna con timidez-. Aquí hay sólo un casamiento ventajoso y eso es cosa de todos los días. Basta con mirar el asunto desde ese punto de vista para que resulte por completo honorable...

-¡Por amor de Dios, mamá, no me venga con sofismas! ¡Ya ve que estoy de acuerdo con todo, con todo! ¿Qué más quiere? Por favor, no se asuste de que llame las cosas por su nombre. Quizá sea mi único consuelo ahora.

En sus labios se dibuja una sonrisa amarga.

-Bueno, bueno, angelito mío, podemos no estar de acuerdo y, sin embargo, respetarnos mutuamente. Deja a mi cargo toda esa lata sí te preocupan los detalles y temes que sean sucíos. Te juro que no te salpicará una mota de fango. ¿Es que quiero yo que te comprometas ante todos? Confía en mí y todo saldrá a pedir de boca, y sobre todo con el mayor decoro. No habrá escándalo alguno, y si hubiera algún escandalillo de poca monta, bueno ¿y qué?... para entonces ya estaremos lejos de aquí. Porque aquí no vamos a quedarnos. Que griten a voz en cuello, ¿qué más da? Lo que tendrán es envidia. ¡Como si valiera la pena preocuparse de ellos! Sin embargo, Zinochka, me asombra -no te enfades conmigo- que con todo tu orgullo les tengas miedo.

-¡No les tengo ningún miedo, mamá! ¡Usted símplemente no me comprende! -responde Zína irritada.

-¡Bueno, bueno, querida, no te enfades! Sólo quería decir que ellos hacen algo sucio todos los días del año, y tú, que lo haces una sola vez en tu vida... ¡pero qué tonta soy! ¿Qué hay de sucio aquí? Nada, por supuesto. ¡Al contrarío, es algo perfectamente honroso! Quiero probártelo de manera concluyente, Zínochka. En primer lugar, repito que todo depende del punto de vista...

-¡Basta ya de pruebas, mamá! -grita Zina impaciente, golpeando el suelo con el pie.

-¡Bueno, hija, no digo más! Me he equivocado otra vez...

Hay un corto silencio. Marya Aleksandrovna espera que Zina diga algo y la mira con inquietud, como una perrita culpable mira a su ama.

. -Francamente no comprendo cómo se las va a arreglar usted -prosigue Zina con repugnancia-. Estoy convencida de que el resultado será la vergüenza. Des precio el qué dirán, pero esto será una deshonra.

-Sí eso es todo lo que te inquieta, ángel mío, por favor no te preocupes. ¡Te lo ruego, te lo suplico! Pongámonos de acuerdo y no te preocupes por mí. ¡Si tú supieras de cuántos lodazales he salido con los pies limpios! ¡Los asuntos que he tenido que resolver! Bueno, ahora, con tu permiso, ¡manos a la obra! En todo caso, lo que urge más que nada es quedarse a solas con el príncipe lo antes posible. ¡Es lo primerísimo de todo! Todo lo demás depende de eso. Pero ya preveo el resto. La gente se va a sublevar, pero... ¡qué importa! Yo misma le siento la mano. Quien todavía me asusta es Mozglyakov...

-¡Mozglyakov! -dice Zina con desprecio.

-Pues sí, Mozglyakov. ¡No temas, Zinochka! Te juro que le voy a trastear de manera que acabe por ayudarnos. ¡Tú no me conoces todavía, Zinochka! ¡Tú no sabes todavía lo batallona que soy cuando hace falta! ¡Ay, Zinochka, hija! Tan pronto como oí hablar del príncipe hace poco, me empezó a bullir una idea en la cabeza. Fue como una iluminación repentina. ¿Y quién había de pensar que vendría a nuestra casa? Mil años que viviéramos no volvería a presentarse otra ocasión como ésta. ¡Zinochka! ¡Angelito! No hay deshonra en que te cases con un viejo tullido, pero sí en que te cases con alguien a quien no puedes aguantar y de quien tendrás que ser mujer *verdadera*. ¡Porque del príncipe no lo serás! ¡Esto no es un matrimonio! No es más que un contrato doméstico. Pero en ello hay ventaja para ese tonto, porque a ese tonto se le da una felicidad inapreciable. ¡Qué hermosa estás hoy, Zinochka! ¡Requetehermosa, y no sólo hermosa! Si fuera hombre, hasta yo misma ganaría para ti medio imperio si tú lo quisieras. ¡Todos esos son asnos! ¿Cómo no besar esta manecita? -Y Marya Aleksandrovna besa ardorosamente la mano de su hija-. ¡Pero si esto es mi cuerpo, mi carne, mi sangre! ¡Aunque sea a la fuerza hay que casar a ese tonto! ¡Y cómo vamos a vivir Zinochka! Porque tú no te separarás de mí! ¡No arrojarás de tu lado a tu madre cuando consigas la felicidad! A pesar de que reñimos, angelito mío, nunca has tenido una amiga como yo; a pesar de...

-¡Mamá! Si ya se ha decidido, quizá sea hora... de hacer algo. ¡Aquí no hace más que perder el tiempo! -dice Zina con impaciencia.

-¡Ya es hora, Zinochka, ya es hora! ¡Cómo le doy a la lengua! -dice Marya Aleksandrovna reportándose-. Estarán tratando de atraerse por completo al príncipe. En seguida tomo el trineo y me voy. Llego, llamo a Mozglyakov y, nada... ¡que me llevo al príncipe a la fuerza si es preciso! ¡Adiós, Zina, adiós, paloma! ¡No te aflijas, no tengas dudas, no te pongas triste; sobre todo no te pongas triste! ¡Todo saldrá bien, muy decorosamente! Lo importante es mirarlo desde un punto..., bueno, ¡adiós, adiós!

Marya Aleksandrovna hace la señal de la cruz sobre la cabeza de Zina, sale corriendo de la habitación, da un par de vueltas ante el espejo durante un minuto, y en dos más vuela por las calles de Mordasov en su trineo, que está listo todos los días a esta hora por si quiere salir. Marya Aleksandrovna vive *en grand*.

-No, no vais a ganarme por la mano -piensa en el trineo-. Ahora que Zina está conforme, queda resuelta la mitad del asunto. ¿Que puede fallar algo ahora? ¡Qué tontería! ¡Ay, qué Zina ésta! Ha consentido por fin, lo cual quiere decir que en esa cabecita también se hacen cálculos. ¡Qué perspectiva tan tentadora le he dibujado! Le he tocado una cuerda sensible. ¡Hay que ver lo guapa que está hoy! Con su belleza podría yo revolver media Europa a mi gusto. Bueno, esperemos a ver... Shakespeare desaparecerá cuando ella llegue a ser princesa y a conocer otras cosas, porque ¿qué conoce ahora? ¡Mordasov y ese maestro! ¡Hum...! ¡Qué princesa será! Lo que me gusta de ella es ese orgullo, esa audacia. ¡Es tan altanera! Cuando mira es como si mirara una reina. Pero ¿por qué no comprendía las ventajas? Bueno, por fin las comprendió... y comprenderá el resto... ¡De todos modos estaré junto a ella! ¡Al fin se puso de acuerdo conmigo en todos los particulares! ¡Y no puede prescindir de mí! ¡Yo también seré princesa y me conocerán en Petersburgo! ¡Adiós, poblacho! ¡Morirá el príncipe, morirá ese mozuelo y entonces la casaré con un príncipe reinante! Sólo temo una cosa: ¿no le he hecho demasiadas confidencias? ¿No he sido demasiado franca? ¿Demasiado efusiva? Me asusta, ¡ay cómo me asusta!

Y Marya Aleksandrovna se sume en sus reflexiones. Ni que decir tiene que son complicadas; pero, como dice el refrán, el deseo hace más que la obligación.

Cuando se quedó sola, Zina se estuvo paseando largo rato por la habitación, con las manos cruzadas y absorta en sus pensamientos. Éstos eran de muy diversa índole. A menudo, y casi inconscientemente, repetía: «¡Ya es hora, ya es hora, hace mucho que ya es hora!» ¿Qué significaba esta exclamación suelta? Más de una vez brillaron lágrimas en sus largas y sedosas pestañas, pero no pensaba en retenerlas ni en secarlas. Su madre no tenía por qué preocuparse ni intentar adivinar los pensamientos de su hija. Zína estaba enteramente decidida y preparada para afrontar todas las consecuencias...

-¡Espera y verás! -pensaba Nastasya Petrovna saliendo sin hacer ruido del cuarto trastero cuando se fue la coronela- ¡Y yo que iba a ponerme un lazo color de rosa para ese princípejo! ¡Tonta que soy, creer que se casaría conmigo! ¡Pues adiós al lacito! ¡Ah, Marya Aleksandrovna! ¡Con que soy una guarra, una mendiga a quien se puede sobornar con doscientos rublos? ¡Hubiera debido dejarte, figurona, que tú misma salieras del lío! ¡Sí, tomé ese dinero, y a mucha honra! Lo tomé para gastos relacionados con el asunto... Quizá hubiera tenido que sobornarme yo a mi misma. ¿A tí qué te importa que rompiera el cerrojo con mis propias manos? ¡Para ti trabajaba, señora de las manos blancas! A ti te basta con bordar la tela. ¡Espera, que ya te daré yo tela! ¡Ya os haré ver a vosotras dos la clase de guarra que soy! ¡Ya veréis quién es Nastasya Petrovna y toda su humildad!

VII

A Marya Aleksandrovna la arrastraba su genio. Elaboraba un proyecto prodigioso y atrevido. Casar a su hija con un príncipe cargado de taras físicas y de dinero, y casarla a hurtadillas de todos, aprovechándose de la debilidad mental y el desvalimiento de su huésped, casarla «a lo ladrón», como dirían los enemigos de Marya Aleksandrovna, sería no sólo atrevido, sino audaz. Por supuesto, el proyecto era ventajoso, pero si fallaba, cubriría de deshonra a quien lo había fraguado. Marya Aleksandrovna lo sabía, pero no desesperaba. «¡De cuántos lodazales he salido con los pies limpios!» -había dicho a Zina con razón. De otro modo, ¿qué clase de heroína sería?

Todo esto tenía, sin duda, aire de atraco a mano armada en el camino real; pero Marya Aleksandrovna tampoco se fijaba demasiado en ello. La dominaba en este particular una idea completamente irrebatible: «Una vez casados, ya no se descasan», idea sencilla, pero que seduce a la fantasía con ventajas tan insólitas, que nada más que de figurárselas le entraba a Marya Aleksandrovna un temblor y le daban escalofríos. Su estado general era de extrema agitación e iba en su trinco como sobre ascuas. Como mujer inspirada, dotada de innegable capacidad creadora, ya había pensado en su plan de campaña, pero era sólo un boceto, trazado a grandes rasgos, percibido sólo oscuramente. Quedaban todavía un sinfín de detalles y varias circunstancias imprevisibles. Marya Aleksandrovna, sin embargo, estaba segura de sí. No era el temor del fracaso lo que la agitaba, no. Era sólo que quería empezar al momento, entrar en seguida en la refriega. Una noble impaciencia la consumía al pensar en pausas y demoras. Pero, hablando de demoras, pedimos venia para explicarnos con mayor claridad. Marya Aleksandrovna preveía y esperaba que la principal dificultad provendría de sus honorables conciudadanos, los habitantes de Mordasov y, sobre todo, de las muy respetables damas de la ciudad.

Por experiencia conocía el odio implacable que le profesaban. Tenía, por ejemplo, la firme convicción de que en ese mismo momento ya sabía todo el mundo cuáles eran sus intenciones, aunque a nadie se había hablado de ellas todavía. Por triste y frecuente experiencia, sabía que cualquier cosa, por secreta que fuera, que pasaba en su casa por la mañana era sabida a la tarde en el último tugurio del bazar o en el último tenducho de la ciudad. Es cierto que hasta ahora Marya Aleksandrovna sólo presentía dificultades, pero tales presentimientos nunca la engañaban. Tampoco se engañaba ahora. He aquí, en efecto, lo que pasaba y que ella no conocía aún positivamente. Hacia mediodía, esto es, unas tres horas después de la llegada del príncipe a Mordasov, empezaron a correr por la ciudad unos rumores extraños. No se sabe dónde empezaron, sólo que se difundieron como un reguero de pólvora. Todo el mundo empezó de repente a jurar y perjurar que Marya Aleksandrovna había arreglado el matrimonio del príncipe con Zina, la joven de veintitrés años, carente de dote; que Mozglyakov había sido despedido y que todo estaba ya decidido y suscrito. ¿Cuál era el motivo de tales rumores? ¿Era que conocían a Marya Aleksandrovna hasta el punto de que al momento penetraban sus secretos pensamientos e ideales? Ni la incongyuidad de tal rumor con el orden normal de las cosas -porque tales asuntos raras veces pueden resolverse en una hora- ni lo evidentemente infundado de la noticia -porque nadie logró averiguar de dónde partió- pudieron desacreditar tal rumor ante las gentes de Mordasov. El rumor se difundió y se arraigó con desusada pertinacia. Lo más curioso de todo fue que empezó a circular cabalmente cuando Marya Aleksandrovna iniciaba con Zina la conversación transcrita sobre ese mismo tema. Tal es el olfato de los provincianos. El instinto de los correveidiles de provincias llega a veces a lo milagroso y, por supuesto, con razón, pues está basado en un conocimiento íntimo, interesado y de muchos años de duración. Cada provinciano vive como en un escaparate. No tiene posibilidad de ocultar nada a los ojos de sus honorables conciudadanos. Le conocen a uno de memoria; hasta conocen lo que uno no sabe siquiera de sí mismo. Por su propia índole, el provinciano parece que debiera ser psicólogo e intérprete del corazon humano. Por eso me sorprende de veras encontrar a menudo en provincias tantos asnos junto con psicólogos e intérpretes del corazón humano. Pero dejemos esto aparte; es una idea marginal.

La noticia produjo el efecto de un trueno. El casamiento con el príncipe les parecía a todos tan ventajoso, tan brillante, que nadie reparó siquiera en el lado peregrino del asunto. Señalemos otro detalle: Zina era odiada casi más que Marya Aleksandrovna. ¿Por qué? Se ignora. Acaso la belleza de la joven era causa parcial de ello. Quizá también porque, en fin de cuentas, Marya Aleksandrovna era para todos los habitantes de Mordasov un «ave del mismo plumaje» que ellos. Si hubiera desaparecido de la ciudad, ¿quién sabe? la hubieran echado de menos. Sus continuos tejemanejes animaban la sociedad. Sin ella, la vida hubiera sido aburrida. Por el contrario, Zina se conducía como si no viviera en Mordasov, sino en las nubes. No «hacía juego» con los demás, ni era igual a ellos y, acaso sin darse ella misma cuenta, los miraba con una altivez insoportable. Y de pronto esta misma Zina, sobre la cual hasta circulaban rumores escandalosos, esta Zina altiva, soberbia, se convertía en millonaria, en princesa, ingresaba en la nobleza. En un par de años, cuando enviudara se casaría con algún duque, quizá incluso con un general y quizá, ¿quién sabe? con un gobernador (y el de Mordasov, como por casualidad, era viudo y muy tierno para con el sexo femenino). En tal caso llegaría a ser la primera dama de la provincia, idea, por supuesto, que era ya de por sí inaguantable. Nunca noticia alguna había despertado tan gran indignación en Mordasov como la del casamiento de Zina con el príncipe. Inmediatamente se alzaron gritos de furia por todas partes, afirmando que eso era pecaminoso, incluso inmundo; que el anciano no estaba en su sano juicio; que lo habían engañado, embaucado, capturado a mansalva, aprovechándose de su debilidad mental; que era indispensable salvarlo de esas garras sangrientas; que esto, en fin de cuentas, era un robo, una inmoralidad; y que, al fin y al cabo, ¿en qué desmerecían otras señoritas comparadas con Zina? Otras podrían con iguales méritos casarse con el príncipe. Marya Aleksandrovna, de momento, sólo sospechaba estas protestas y comentarios, pero le bastaba con ello. Bien sabía que todo el mundo -y decimos todo el mundo- estaba dispuesto a hacer lo imposible para dar al traste con sus propósitos. Por ejemplo, ahora mismo querían secuestrar al príncipe, de modo que urgía rescatarle casi a la fuerza. Además, aunque ella lograra esto último y consiguiera traerle de nuevo a casa, sería imposible tenerlo siempre atado con una cuerda. Y, por último, ¿quién podría estar seguro de que hoy mismo, dentro de un par de horas, todo un concurso solemne de damas de Mordasov no aparecería en su salón, y, peor aún, con un pretexto que haría imposible no recibirlas? Si se les cerraba la puerta, se colarían por la ventana, lance casi imposible, pero nada insólito en Mordasov. En suma, que no cabía perder una hora, un segundo, y hasta el momento el asunto ni siquiera estaba comenzado. De súbito, en la mente de Marya Aleksandrovna surgió y maduró un pensamiento genial del que no dejaremos de hablar en su debido lugar. De momento diremos sólo que nuestra heroína volaba, inspirada y terrible, por las calles de la ciudad, decidida incluso a la violencia si ello era necesario para recobrar posesión del príncipe. Aún no tenía idea clara de cómo lo lograría o de dónde tropezaría con él, pero de una cosa sí estaba segura, a saber, que Mordasov se hundiría bajo tierra antes que ella cejase un ápice en llevar a cabo su empeño.

El primer paso salió a pedir de boca. Logró alcanzar al príncipe en la calle y llevárselo a comer a casa. Si se pregunta cómo, a pesar de las maquinaciones de sus enemigos, logró salirse con la suya y dejar plantada a Anna Nikolaevna, me veré obligado a declarar que considero dicha pregunta injuriosa para Marya Aleksandroyna. ¿Es que esta dama no podía ganarle por la mano a una mujer como Anna Nikolaevna Antipova? Se limitó a detener al príncipe, que iba camino de la casa de su rival, y sin pararse en barras, ni prestar oído a los razonamientos del propio Mozglyakov, que temía un escándalo, trasladó al anciano al propio trineo de ella. Marya Aleksandrovna también se distinguía de sus rivales en que en ocasiones críticas ni siquiera pensaba en el escándalo, de acuerdo con el axioma de que el éxito lo justifica todo. No hay que decir que el príncipe no opuso resistencia notable y que, según su costumbre, se olvidó muy pronto de todo y quedó muy satisfecho. Durante la comida charló por los codos, estuvo muy festivo, dijo agudezas, hizo juegos de palabras, contó anécdotas que no terminaba o saltaba de una a otra sin darse cuenta de ello. En casa de Natalya Dmtrievna había bebido tres copas de champaña. Durante la comida siguió bebiendo y acabó por perder la cabeza. A ello contribuía, llenándole el vaso, la propia Marya Aleksandrovna. La comida estuvo muy bien. El monstruo Nikíta no la echó a perder. La señora de la casa animaba a los concurrentes con la amabilidad más encantadora; pero la mayoría de los presentes se mostraban, como de propósito, sobremanera deprimidos. Zína callaba de un modo casi solemne. Mozglyakov, evidentemente, no las tenía todas consigo y comía poco. Pensaba en algo, y como en su caso esto sucedía sólo de tarde en tarde, Marya Aleksandrovna estaba muy intranquila. Nastasya Petrovna estaba sombría y, sin que nadie la viera, hacía señas extrañas a Mozglyakov, que éste ni siquiera notaba. De no haber sido por la encantadora amabilidad de la anfitriona, la comida hubiera parecido un velatorio.

Y no obstante, Marya Aleksandrovna sentía una extraordinaria agitación. La propia Zína la asustaba horriblemente con su cara triste y sus ojos llorosos. Y ahora quedaba otra dificultad: era preciso acelerar las cosas, apresurarse, y este «maldito Mozglyakov» seguía sentado como un marmolillo, despreocupado, estorbándolo todo. Porque, claro, no había que pensar en comenzar el asunto con él delante. Marya Aleksandrovna se levantó de la mesa con horrible ansiedad. ¡Cuál sería su asombro, su gozoso terror, por así decirlo, cuando el propio Mozglyakov, en cuanto se levantaron de la mesa, se le acercó e inesperadamente le anunció que, por supuesto lamentándolo infinito, le era preciso ausentarse al instante.

-¿Adónde va? -preguntó Marya Aleksandrovna con pesadumbre poco usual.

-Pues vea lo que pasa, Marya Aleksandrovna --empezó diicendo Mozglyakov con inquietud, y hasta turbándose un poco-; me ha ocurrido un caso curioso. No sé siquiera cómo decírselo ... ; ¡aconséjeme, por amor de Dios!

-¿De qué se trata?

-Mi padrino, Boroduev... ya sabe usted, el comerciante... se ha encontrado hoy conmigo. El viejo está enfadado de veras y se queja -así me lo dice- de que me he vuelto orgulloso. Ésta es la tercera vez que estoy en Mordasov y no he aparecido por su casa. «Ven hoy a tomar el té» me ha dicho. Son ahora las cuatro en punto y, según la costumbre antigua, toma el té cuando se despierta a las cinco. ¿Qué debo hacer? Sólo una cosa, por supuesto, Marya Aleksandrovna; porque piense usted. Salvó de un mal apuro a mi difunto padre cuando éste se jugó unos fondos del gobierno. Por tal motivo fue padrino de mi bautizo. Si llega a arreglarse el que me case con Zinaida Afanasievna, lo hago con sólo 150 siervos, mientras que él tiene un millón de rublos, o más aún, de creer a la gente. No tiene hijos. Si se le trata bien, le deja a uno cien mil rublos en su testamento. Setenta años tiene, figúrese usted.

-¡Ay, Dios mío! ¿Pero qué le pasa a usted? ¿A qué espera? -interpeló Marya Aleksandrovna, que a duras penas ocultaba su alborozo-. ¡Vaya usted, vaya usted! Con estas cosas no se juega. ¿Con que eso es lo que hay? ¡Le he estado mirando durante la comida y parecía usted tan apagado! Vaya, *mon ami*, vaya usted. Debiera usted haber ido a visitarle esta misma mañana para quedar bien y para mostrarle que le quiere y que aprecia el afecto que a usted le tiene. ¡Ay, la juventud, la juventud!

-¡Pero si usted misma, Marya Aleksandrovna, usted misma me criticaba por tener un pariente como él -exclamó Mozglyakov con asombro-. ¡Pero si usted decía que es un campesino, de esos de barba, relacionado con taberneros, leguleyos y gente de baja estofa!

-¡Ay, *mon ami*! ¡Qué cosas no decimos sin pensar! Yo también puedo equivocarme. No soy una santa. No recuerdo, pero pude hallarme en un estado de ánimo tal... Y, al fin y al cabo, usted todavía no se había declarado a Zinochka. Por supuesto, será egoísmo por mi parte, pero ahora, quiéralo o no, tengo que mirar las cosas desde otro punto de vista. ¿Qué madre me culparía de ello en caso tal? Vaya usted, no pierda un minuto... Pase usted incluso la velada con él... ¡y escuche! Háblele usted algo de mí. Dígale que siento por él respeto, afecto, admiración, pero dígalo con tacto, con sus mejores palabras. ¡Ay, Dios mío! ¡También yo había olvidado todo esto! ¡Hubiera debido sugerírselo yo misma!

-Me ha salvado usted la vida, Marya Aleksandrovna -exclamó Mozglyakov admirado-. Juro que en adelante la obedeceré en todo. ¡Y pensar que tenía miedo de decírselo!... Bueno, hasta pronto, que ya me voy. ¡Presente mis excusas a Zinaida Afanásievna! Aunque volveré en seguida. .

-¡Lleva usted mi bendición, *mon ami*! ¡No se olvide de hablarle de mí! ¡Es de veras un anciano simpatiquísimo! Hace ya tiempo que mi opinión de él ha cambiado... ¡*Au revoir, mon ami, au revoir*!

«¡Pero qué bien que se lo lleve el diablo! ¡Mejor dicho, no, esto es ayuda de Dios!», pensaba Marya Aleksandrovna, palpitante de gozo.

Pavel Aleksandrovich bajó al vestíbulo y ya se ponía el abrigo de pieles cuando se presentó Nastasya Petrovna, que le estaba esperando.

-¿Adónde va usted? -le preguntó cogiéndole del brazo.

-A casa de Boroduev, Nastasya Petrovna, que se dignó ser padrino de mi bautizo. Es un viejo rico, que me dejará algo y a quien hay que adular un poco.

Pavel Aleksandrovich estaba de excelente humor.

-¡A casa de Boroduev! Entonces despídase de su novia -dijo bruscamente Nastasya Petrovna.

-¿Cómo que me despida?

-Como lo oye. Usted creía que ya era suya y ahora quieren casarla con el príncipe. Yo misma lo he oído.

-¡Con el príncipe! ¡Dios no lo permita, Nastasya Petrovna!

-¡Sí, Dios no lo permita! Si le parece, usted mismo puede verlo y oírlo. Quítese el abrigo y venga por aquí.

Pavel Aleksandrovich, abrumado por lo que oía, se quitó el abrigo y siguió a Nastasya Petrovna de puntillas. Ella le condujo al mismo cuarto trastero desde donde había estado observando y escuchando aquella mañana.

-¡Pero, perdón, Nastasya Petrovna, no comprendo absolutamente nada!

-Pues comprenderá usted cuando se agache y escuche. La comedia seguramente está a punto de empezar.

-¿Qué comedia?

-¡Chist! No hable fuerte. La comedia consiste sencillamente en que le están engañando a usted. Esta mañana cuando salió usted con el príncipe, Marya Aleksandrovna pasó una hora entera persuadiendo a Zina de que se case con el príncipe. Dice que no hay nada más fácil que engatusarle y obligarle a casarse; y se dio tan buena maña que me dio asco. Lo oí todo desde aquí. Zina aceptó. ¡Y cómo le pusieron a usted! Le tienen por tonto, así como suena. Zina dijo sin morderse la lengua que por nada del mundo se casará con usted. ¡Y yo, tonta de mí, que quería ponerme un lazo colorado! ¡Ande, escuche, escuche!

-¡Pues si es así, es una infame traición! -murmuró Pavel Aleksandrovich, mirando estúpidamente a Nastasya Petrovna.

-Pues ande, escuche, que todavía quedará algo por oír.

-Escuchar, ¿dónde?

-Agáchese, que ahí hay un agujerito...

-Pero, Nastasya Petrovna, yo... yo no soy de los que escuchan así.

-¡Bah, ya es tarde para eso! Aquí, amigo, se mete uno el honor en el bolsillo. Ha venido usted, pues ahora escuche.

-Pero...

-Si no es usted de los que escuchan, lo van a dejar plantado. Una le tiene a usted lástima y usted se anda con remilgos. Bueno, ¿y a mí qué? Porque yo no lo hago por mí. ¡Me voy de aquí antes de esta noche!

Haciendo de tripas corazón, Pavel Aleksandrovích se agachó hasta la rendija. El corazón le latía fuertemente y sentía un martilleo en las sienes. Apenas se daba cuenta de lo que le pasaba.

VIII

-Y qué, príncipe, ¿lo ha pasado bien en casa de Natalya Dmitríevna? -preguntó Marya Aleksandrovna, oteando con ávida mirada el futuro campo de batalla y deseando empezar la conversación de la manera más inocente. La expectativa y la emoción la tenían jadeante.

Terminada la comida, trasladaron al príncipe al «salón» en que lo habían recibido esa mañana, donde Marya Aleksandrovna solía celebrar todas las reuniones y recepciones solemnes. Estaba muy orgullosa de ese aposento. Con seis copas de champaña en el cuerpo, el viejo parecía desmadejado y no estaba muy seguro sobre sus piernas. Sin embargo, charlaba sin parar, aun más que de costumbre. Marya Aleksandrovna se daba cuenta de que ésta era una animación momentánea y que pronto al medio achispado señor le entrarían ganas de dormir. Era necesario aprovechar el momento. Examinando el campo de batalla, notó con placer que el lascivo anciano miraba con especial avidez a Zina, y el corazón maternal de la señora tembló de gozo.

-Lo pasé ex-tra-ordi-na-riamente bien -respondió el príncipe- y, ¿sabe usted? Natalya Dmitrievna es una mujer incomparable, una mujer in-com-pa-ra-ble.

Por muy absorta que estuviese Marya Aleksandrovna en sus grandes proyectos, una alabanza tan clamorosa de su rival no pudo menos de punzarle el corazón.

-¡Perdón, príncipe! -exclamó con los ojos centelleantes-. Si su Natalya Dmitrievna es una mujer incomparable, entonces no sé qué pensar. ¡Usted dice eso porque no conoce en absoluto la sociedad de aquí, en absoluto! No es más que una ostentación de méritos fingidos, de nobles sentimientos, una comedia, la corteza dorada que se ve por fuera. Si quita usted esa corteza verá un infierno entero bajo las flores, todo un nido de víboras, que se lo comen a usted sin dejar hueso.

-¿Pero es posible? -exclamó el príncipe-. Eso me asombra.

-Pues le juro que es así. Ah, *mon prince*. Mira, Zina, no puedo menos de contarle al príncipe eso tan degradante y ridículo que hizo Natalya Dmtrievna la semana pasada, ¿te acuerdas? Pues sí, príncipe, se trata de la Natalya Dmtrievna tan alabada por usted que usted tanto admira. ¡Oh, mi querido príncipe! Le juro que no soy chismorrera. Pero necesito contar esto sólo como cosa de risa, para mostrar con un ejemplo vivo, como con lupa, por así decirlo, la clase de gente que hay por aquí. Hace quince días vino a verme Natalya Dmitrievna. Sirvieron café y tuve que salir de la sala no sé por qué. Recuerdo muy bien cuánto azúcar había en el azucarero de plata: estaba completamente lleno. Cuando volví, miré: en el fondo quedaban sólo tres terrones. En la sala no estaba más que Natalya Dmitrievna. ¡Así es la señora! ¡Y tiene una casa toda de piedra y montones de dinero! Es, sí, un incidente ridículo, cómico, ¡pero después de esto juzgue lo respetable que es la sociedad local!

-¿Pe-ro es po-si-ble? -gritó el príncipe, asombrado de veras-. ¡Pero qué mezquindad tan poco natural! ¿Es posible que ella sola se lo hubiera comido todo?

-¡Ahí tiene usted lo *incomparable* que es esa mujer, príncipe! ¿Qué le parece a usted esa vergonzosa acción? Porque yo creo que me moriría en el acto si decidiera cometer un acto tan repugnante.

-Pues sí, sí. Sólo que, ¿sabe usted? ¡es tan *belle femme!*...

-¿Quién? ¿Natalya Dmitrievna? ¡Perdón, príncipe, pero si es una cuba! ¡Ay, príncipe, príncipe! ¿Pero qué me dice? Yo esperaba de usted mejor gusto...

-Pues sí, una cuba..., sólo que, ¿sabe usted? tiene unas formas... Bueno, y esa muchacha que estaba bailando... esa tam-bién tenía unas for-mas...

-¿Quién? ¿Sonechka? ¡Pero si es una chiquilla, príncipe! ¡Si sólo tiene catorce años!

-Pues sí..., sólo que ¿sabe usted? es tan mañosa y tiene también... unas formas... que se están formando. ¡Cariño de niña! Y la otra que bai-la-ba con ella, también... se está formando...

-Esa es una pobre huérfana, príncipe. A menudo la recogen en esa casa.

-Huér-fa-na. Bastante sucia, por cierto, aunque se había lavado las manos... Con todo, muy se-duc-tora también...

Dicho esto, el príncipe, cada vez con más codicia, examinó a Zina con su *lorgnette*.

-*¡Mais quelle charmante personne!* -murmuró a media voz, derritiéndose de gusto.

-¡Zina, toca algo..., o no, mejor será que cantes! ¡Cómo canta, príncipe! Se puede decir que es una virtuosa del canto, ¡una auténtica virtuosa! Y si supiera usted, príncipe -prosiguió Marya Aleksandroyna a media voz, mientras Zina se dirigía al piano con su andar tranquilo y grácil, que casi hizo retorcerse al pobre viejo-, ¡si supiera usted qué hija es! ¡Cómo sabe que rer, qué tierna es conmigo! ¡Qué sentimientos! ¡Qué corazón!

-Pues sí... los sentimientos... ¿sabe usted? Sólo he conocido una mujer en toda mi vida con la que pudiera compararse en cuanto a be-lle-za - interrumpió el príncipe, con la boca hecha agua-. La difunta princesa Nainskaya, que murió hace treinta años. Era una mujer ad-mí-ra-ble, de ín-des-crípti-ble belleza... pero después se casó con su cocinero...

-¡Con su cocinero, príncipe!

-Pues sí, con su cocinero... un francés... y fueron al extranjero. En el extranjero ella le obtuvo un título. Era un hombre de buen parecer y muy bien educado, y con unos bigotitos así de pequeños...

-¿Y... cómo vivieron, príncipe?

-Pues sí, vivieron bien. Pero se separaron poco después. Él la desplumó y se fue. Riñeron por no se qué salsa...

-Mamá, ¿qué quieres que toque? -preguntó Zína.

-Mejor será que cantes, Zina. ¡Cómo canta, príncipe! ¿Le gusta a usted la música?

--Oh, sí *charmant, charmant.* La mú-sí-ca me gusta mucho. En el extranjero conoci a Beethoven.

-¡A Beethoven! ¡Imagínate, Zina, el príncipe cono ció a Beethoven! -exclamó entusiasmada Marya Aleksandrovna-. ¡Ah, príncipe! ¿Pero de veras conoció usted a Beethoven?

-Pues sí. Nos lle-va-mos muy bien. ¡Él siempre con la nariz metida en el rapé! Daba que reír.

-¿Beethoven?

-Pues sí, Beethoven. Aunque, bien pensado, quizá no fuera Beethoven, sino algún otro alemán. ¡Hay tantos alemanes allí! Quizá me confundo.

-¿Qué quieres que cante, mamá? -preguntó Zina

-Zína, canta esa romanza, ¿te acuerdas? que tiene tanto de caballeresco, con aquello de la señora del castillo y su trovador... ¡Ay, príncipe, cómo me encanta todo lo caballeresco! ¡Esos castillos! ¡Esa vida medieval! ¡Esos trovadores, heraldos, torneos ... ! Yo te acompaño, Zina. ¡Siéntese aquí, más cerca, príncipe! ¡Ay, esos castillos, esos castillos!

-Pues sí... los castillos. Yo también adoro los castillos -murmuró el príncipe entusiasmado, asaeteando a Zina con su único ojo- . ...¡Pero, Dios mío! –exclamó- esa romanza ... ! ¡Pero si yo co-noz-co esa ro-man-za! Hace ya mucho que oí esa romanza... me recuerda tantas cosas... ¡Ay, Dios mío!

No intentaré describir lo que le pasó al príncipe mientras Zina cantaba. Ésta cantó una vieja romanza francesa que había estado muy de moda en tiempos pasados. La cantó admirablemente. Su voz de contralto, pura y resonante, penetraba el alma. Su bellísimo rostro, sus ojos encantadores, sus dedos maravillosamente formados con los que volvía las hojas de la partitura, su cabello espeso, negro, brillante, su pecho agitado, toda su figura noble, bella, arrogante, todo ello acabó por obrar un sortilegio en el pobre príncipe. Mientras Zina estuvo cantando, no apartó de ella los ojos, casi ahogado por la emoción. Su corazón senil, caldeado por champaña, la música y los recuerdos renovados (¿y quién no tiene recuerdos favoritos?) latía cada vez más de prisa, como no latía desde hacía largo tiempo... Estaba dispuesto a caer de rodillas ante Zina y casi rompió a llorar cuando ella terminó su canto.

-¡O, ma charmante enfant! -exclamó besándole los dedos-. ¡Vous me ravissez! Sólo ahora, ahora mismo me he acordado... Pero... pero... ¡o ma charmante enfant!

Y ni siquiera pudo concluir.

Marya Aleksandrovna sintió que había llegado su momento.

-¿Pero por qué se abandona usted, príncipe? -preguntó en tono solemne-. ¡Tanto sentimiento, tanta energía vital, tanta riqueza espiritual, y pasarse toda la vida en la soledad! ¡Esconderse de las gentes, de los amigos! Eso es imperdonable. ¡Piénselo mejor, príncipe! Mire la vida con ojos nuevos, por así decirlo! ¡Pida a su corazón los recuerdos del pasado, los recuerdos de su juventud dorada, de sus dorados días de despreocupación! ¡Resucítelos usted, resucítese a sí mismo! ¡Vuelva de nuevo a vivir en sociedad, entre sus amigos! ¡Vaya al extranjero, a Italia, a España... a España, príncipe! ¿Necesita usted un guía, un corazón que le ame y le respete y que simpatice con usted? ¡Pero si tiene usted amigos! Llámelos, dígales que acudan y vendrán en tropel. Yo sería la primera en dejarlo todo y responder a su llamamiento. Recuerdo nuestra amistad, príncipe; abandono a mi marido y le sigo a usted... Más aún, si fuera más joven, si fuera tan linda, tan bella como mi hija, me convertiría en su compañera, en su esposa, si así lo quisiera usted.

-Estoy seguro de que en su tiempo fue usted une charmante personne -dijo el príncipe enjugándose con un pañuelo los ojos húmedos de lágrimas.

-Vivimos de nuevo en nuestros hijos -respondió con magnanimidad Marya Aleksandrovna-. Yo también tengo mi ángel de la guarda. ¡Y es ella, mi hija, la compañera de mis pensamientos, de mi corazón, príncipe! A siete peticiones de mano ha renunciado ya por no querer separarse de mí.

-¿De modo que la acom-pa-ñará cuando usted vaya con-mi-go al extran-jero? En tal caso me voy al extranjero sin falta -exclamó muy animado el príncipe-. ¡Me voy sin falta! Y si pudiera acariciar la es-per-an-za... Es una criatura encantadora, encantadora. ¡O ma charmant,,, enfant ... ! -y el príncipe le besó de nuevo las manos. El pobre hombre hubiera querido arrodillarse ante ella.

-Pero, príncipe, ¿dice usted que si pudiera acariciar la esperanza? -Marya Aleksandrovna cogió al vuelo la frase, sintiendo un nuevo amago de elocuencia-. ¡Pero qué extraño es usted, príncipe! ¿De veras que se cree ya indigno de la atención de las mujeres? La juventud no hace hermoso al hombre. Recuerde que es usted, por así decirlo, un vestigio de la aristocracia; que es un representante de los sentimientos y de las costumbres más caballerescos y refinados. ¿Acaso no amaba María al anciano Mazeppa? ¡Me acuerdo de haber leído que Lauzun, ese marqués encantador de la corte de Luis... no sé cuántos, cuando ya estaba en edad avanzada conquistó el corazón de una de las primerísimas damas de palacio ... ! ¿Y quién le ha dicho a usted que es viejo? ¿Quién se lo ha sugerido? ¿Es que envejecen los hombres como usted? ¿Usted, con tal riqueza de sentimientos, de ideas, de jovialidad, de agudeza, de energía vital, de maneras tan brillantes? Preséntese usted ahora en cualquier sitio en el extranjero en un balneario, con una mujer joven, con una mujer bella como, por ejemplo, mí Zina -y no hablo de ella sino como término de comparación- ¡y ya verá usted e efecto colosal que produce! ¡Usted, un vestigio de la aristocracia; ella, la más bella entre las bellas! Usted la lleva triunfalmente del brazo; ella canta en la más brillante sociedad; usted, por su parte, va destilando agudezas -pues, nada, que todos los que estén en el balneario correrán a verles. Toda Europa prorrumpirá en exclamaciones, porque todos los periódicos todas las crónicas de la sociedad hablarán de lo mismo.. Príncipe, príncipe, ¿y dice usted que si puede acariciar la esperanza?

-Crónicas .... ¡pues sí, pues sí! Eso sale en los periódicos... -murmuró el príncipe, sin comprender la mitad de la cháchara de Marya Aleksandrovna y pareciendo cada vez más desmarrido-. Pues, hi-ja mía, si no está cansada, ¡repita la romanza que acaba de cantar!

-Pero, príncipe, si sabe otras romanzas todavía mejores... ¿Recuerda, príncipe, *L'Hirondelle?* Seguramente la ha oído usted.

-Sí, la recuerdo... o, mejor dicho, la he olvidado. No, no, la romanza de antes, la misma que acaba de cantar. No quiero *L'Hirondelle.* Quiero esa romanza... -dijo el príncipe en el tono suplicante de un niño.

Zina la cantó una vez más. El príncipe no pudo dominarse y cayó ante ella de rodillas. Estaba llorando.

-¡O, ma belle châtelaine! -exclamó con voz trémula de vejez y emoción-. ¡0, ma charmante châtelaine! ¡Oh, mi niña querida! Me hace usted re-cor-dar tanto... de lo que ya pasó hace largo tiempo. .. Yo pensaba entonces que todo sería mejor de lo que fue más tarde. Entonces cantaba dúos... con una vizcondesa... esa misma romanza..., y ahora... No sé lo que pasa ahora...

Todo esto lo dijo el príncipe con voz entrecortada y jadeante. La lengua se le entorpecía notablemente. Era casi imposible enteder algunas palabras. Sólo era evidente que estaba en su máximo nivel de efusividad. Marya Aleksandrovna se apresuró a echar leña al fuego.

-¡Príncipe! ¡Quizá se ha enamorado usted de mi Zina! -exclamó, intuyendo que el momento era solemne. La respuesta del príncipe rebasó todas sus esperanzas.

-¡Estoy enamorado de ella hasta la locura! -gritó el viejo, animándose de súbito y todavía de rodillas, trémulo de emoción-. ¡Estoy dispuesto a entregarle mi vida! Si al menos pudiera abrigar alguna esperanza ... Ayúdenme a levantarme, porque me sien-to algo débil ... Si tuviera al menos alguna esperanza de ofrecerle mi corazón ... ; Yo... ella me cantaría romanzas todos los días y yo pasaría el tiempo mirándola, mirándola siem-pre... ¡Ay, Dios mío!

-¡Príncipe, príncipe! ¡Usted le está ofreciendo su mano! Usted quiere quitarme a mi niña, a mi Zina, a mi adorada Zina, a mi ángel. ¡Pero yo no te dejo, Zina! ¡Que me la arranquen de mis brazos, de los brazos de su madre! -Marya Aleksandrovna se arrojó sobre su hija y la abrazó con fuerza, aunque notó que la joven la rechaza con bastante vigor... La mamá exageraba un tanto. Zina se percató de ello con todo su ser y observaba la comedia con indecible repugnancia. Callaba, sin embargo, y esto era lo único que necesitaba Marya Aleksandrovna.

-¡A nueve pretendientes ha despedido sólo por no separarse de su madre! -gritaba-. Pero ahora, mi corazón presiente la separación. Hace un momento noté que ella le miraba a usted de un modo... ¡usted la ha impresionado, príncipe, con su aire aristocrático, con su refinamiento! Ah, usted nos va a separar. Me lo dice el corazón.

-La a-do-ro -balbuceó el príncipe, temblando todavía como hojilla de álamo.

-¡Con que abandonas a tu madre! -exclamó Marya Aleksandrovna, arrojándose de nuevo al cuello de su hija.

Zina se apresuro a poner fin a la penosa escena. Sin decir palabra, alargó al príncipe su hermosa mano y hasta hizo un esfuerzo por sonreír. El príncipe la tomó con veneración y la cubrió de besos.

-Sólo ahora em-pie-zo a vivir -susurró ahogado de entusiasmo.

-¡Zina! -dijo solemnemente Marya Aleksandrovna-. ¡Mira a este hombre! De todos los que conozco es el más noble y honrado. ¡Es un caballero medieval! Pero ella lo sabe, príncipe; ella lo sabe con dolor de mi corazón. ¡Oh, príncipe! ¿Por qué ha venido usted? Le entrego a mi tesoro, a mi ángel. Protéjala usted, príncipe. Se lo ruega una madre, ¿y qué madre me condenaría por sentir esta pena?

-¡Mamá, basta ya! -murmuró Zina.

-¿La defenderá usted de toda injuria, príncipe? ¿Brillará la espada de usted ante los ojos del calumniador o del insolente que se atreva a insultar a mi Zina?

-Basta, mamá, que si no, voy a...

-Pues, sí brillará -susurró el príncipe-. Sólo ahora empiezo a vivir... Quiero que el enlace se efectúe ahora mismo, en este momento... Quiero mandar a alguien a Du-ha-no-vo. Allí tengo unos brillantes y quiero ponerlos a sus pies...

-¡Qué entusiasmo! ¡Qué ardor! ¡Qué nobleza de sentimientos! -exclamó Marya Aleksandrovna-, ¿y cómo podía usted, príncipe, abandonarse así, alejándose del mundo? Eso lo repetiré mil veces. Pierdo los estribos cuando pienso en esa infernal...

-¿Y qué hacer, con el miedo que yo te-nía? -masculló el príncipe, lloriqueando y dando rienda a su emoción-. Si querían me-ter-me en un ma-ni-co-mio... ¡Cogí un susto!

-¡En un manicomio! ¡Qué monstruos! ¡Gente inhumana! ¡Qué vil traición! ¡Había oído hablar de ello, príncipe! ¡Pero si son ellos los locos! ¿Y por qué? ¿Porqué?

-Ni yo mismo lo sé --contestó el anciano que por debilidad tuvo que sentarse en un sillón-. Yo ¿sabe usted? estaba en un bai-le y con-té no sé que a-necdo-ta, que no les gustó. Pues bien, de ahí salió toda la historia.

-¿Y no fue más que eso, príncipe?

-No. Más tarde estuve jugando a las cartas con el príncipe Pyotr Dementich y no podía ganar baza. Tenía dos reyes y tres reinas... o, mejor dicho, tres reinas y dos reyes... ¡No, sólo un rey! y luego también las reinas...

-¿Y por eso fue? ¿Por eso? ¡Gente desalmada, infernal! Llora usted, príncipe, ¡pero eso ya no volverá a pasar! Ahora estoy yo aquí, al lado de usted, príncipe mío. No me separaré de Zina ¡y a ver quién se atreve a levantar la voz! ¡Y, sabe usted, príncipe? Su matrimonio los va a dejar turulatos. Los va a avergonzar. Van a ver que es usted todavía capaz..., es decir, se darán cuenta de que una belleza como Zina no se casaría con un loco. Ahora puede usted levantar la cabeza con orgullo. Puede usted mirarlos cara a cara...

-Pues sí, podré mi-rar-los cara a ca-ra -murmuró el príncipe cerrando los ojos.

-Pero ya esta «ido» por completo -pensaba Marya Aleksandrovna-. Estas son ya palabras inútiles.

-Príncipe, veo que está usted agitado. Necesita usted tranquilizarse, descansar de esta emoción -dijo inclinándose maternalmente sobre él.

-Pues sí, desearía a-cos-tarme un ratito -respondió él.

-Sí, sí. ¡Tranquilícese, príncipe! Estas emociones... ¡Un momento, yo misma le acompaño y, si es necesario, yo misma le acuesto! ¡¿Qué es lo que mira usted en ese retrato, príncipe? Es el retrato de mi madre, que mas que mujer fue un ángel. ¡Oh, qué no daría yo porque estuviera ahora con nosotros! ¡Era una santa, príncipe, una santa! ¡No sé qué otro nombre darle!

-¿U-na san-ta? *C'est joli...* Yo también tuve madre... *princesse...* y ¿querrá usted creerlo? una mujer bien en-tra-di-ta en carnes... Pero no era eso lo que quería decir... Me sien-to algo dé-bil. *¡Adieu, ma charmante enfant!...* Con gusto yo... hoy... mañana... ¡Pero, en fin, da lo mismo! *¡Au revoir, au revoir!-* aquí quiso mandar a Zina un beso con la mano, pero resbaló y estuvo -a punto de caer en el umbral.

-¡Cuidado, príncipe! Apóyese en mi brazo --exclamó Marya Aleksandrovna.

-*¡Charmant, charmant!* -murmuró al salir-. Sólo ahora empiezo a vivir...

Zina quedó sola. Una indecible pesadumbre la oprimía el corazón. La repugnancia que sentía le daba náusea. Estaba pronta a despreciarse a sí misma. Le ar dían las mejillas. Con las manos fuertemente apretadas, rechinando los dientes y la cabeza baja, permane-cía clavada en el mismo sitio. Lágrimas de vergüenza le brotaban de los ojos... En ese momento se abrió la puerta y Mozglyakov entró corriendo en la sala.

IX

Lo había oído todo, todo. Y, efectivamente, no entró andando, sino corriendo, pálido de agitación y de rabia. Zina le miró con asombro.

-¡Con que así es usted! -gritó jadeante-. ¡Al fin me entero de lo que es usted!

-¿De lo que soy? -repitió Zina mirándole como a un demente. De repente sus ojos brillaron de enojo. -¡Cómo se atreve usted a hablarme así! -gritó ella acercándosele.

-¡Lo he oído todo! -repitió Mozglyakov solemnemente, pero dando involuntariamente un paso atrás.

-¿Usted ha oído? ¿Usted ha estado escuchando? -preguntó Zina mirándole con desprecio.

-Sí, he estado escuchando. Sí, decidí cometer una vileza, pero con ello me he enterado de que usted misma... Nisiquiera sé cómo expresarme para decirle... ¡lo que ahora resulta ser usted! -respondió él, cada vez más intimidado por la mirada de Zina.

-Y aunque usted haya oído, ¿de qué puede acusarme? ¿Qué derecho tiene a hablarme de modo tan insolente?

-¿Yo? ¿Que qué derecho tengo? ¿Y usted me lo pregunta? ¿Usted se casa con el príncipe y yo no tengo ningún derecho? ¡Y usted que me dio su palabra!

-¿Cuándo?

-¿Cómo que cuándo?

-Esta misma mañana cuando vino usted a importunarme le respondí claramente que no podía decirle nada positivo.

-Sin embargo, no me despidió usted ni me rechazó de plano; ¡lo que quiere decir que me guardaba usted en reserva, por si acaso! ¡lo que quiere decir que me estaba usted engatusando!

En el rostro de la enojada Zina se dibujó un sentimiento doloroso, como reflejo de un malestar interno, agudo y penetrante, pero se sobrepuso a él.

-Si no le despedí -respondió claramente, midiendo las sílabas, aunque en su voz había un temblor casi imperceptible- fue sólo por lástima. Usted mismo me suplicó que me tomara tiempo, que no le dijera que no, que le observara más de cerca y «entonces -decía usted-, cuando se convenza de que soy un hombre honrado, quizá no me niegue usted su mano». Éstas fueron sus propias palabras al comienzo mismo de su galanteo. No puede usted retractarse de ellas. Usted se atreve a decirine ahora que le he engatusado. Pero usted mismo vio mi aversión cuando nos entrevistamos hoy, quince días antes de lo convenido; y yo no oculté esa aversión, sino que, al contrario, la puse de manifiesto. Usted mismo lo notó, porque me preguntó si no me enfadaba porque había venido usted antes de lo acordado. Sepa usted que no se engatusa a quien no se puede *ni se quiere* ocultar la aversión que por él se siente. Usted se ha atrevido a decir que yo le guardaba en reserva. A esto le respondo que pensaba de usted lo siguiente: «Aunque no es hombre dotado de gran inteligencia, quizás al menos sea un hombre bueno, y por ello sea posible casarse con él.» Ahora, sin embargo habiendo comprobado por dicha mía que es usted un mentecato, y además un mentecato maligno, no me que da más que desearle mucha felicidad y buen viaje ¡Adiós!

Dicho esto, Zina le volvió la espalda y salió lentamente de la habitación.

Mozglyakov, sospechando que todo estaba perdido bufaba de rabia.

-¡Ah! ¿Con que soy un mentecato! -gritó-. ¡Con que ahora soy un mentecato! ¡Pues bien, adiós! ¡Pero antes de irme le contaré a toda la ciudad cómo usted y su mamá han engañado al príncipe, emborrachándole! ¡Se lo contaré a todos! ¡Se enterará usted de quién es Mozglyakov!

Zina se estremeció y estuvo a punto de detenerse para contestar, pero habiéndolo pensado un instante se limitó a encogerse de hombros con desprecio y dio un portazo tras sí.

En este momento apareció Marya Aleksandrovna en el umbral. Había oído la exclamación de Mozglyakov al momento adivinó de qué se trataba y sintió un escalofrío de terror. Mozglyakov lo iría pregonando todo por la ciudad, y era necesario guardar el secreto aun que fuera sólo por breve tiempo. Marya Aleksandrovna tenía hechos sus cálculos.- En un tris hizo su composición de lugar, y el plan de apaciguar a Mozglyakov preparado.

-¿Qué tiene usted, *mon ami?* -preguntó acercándose a él y alargándole amistosamente la mano.

-¿Qué es eso de *mon ami?* -gritó encolerizado-. ¿Después de lo que ha hecho usted me viene todavía con lo de *mon ami?* ¡Ya basta, señora mía! ¿O es que cree que va a engañarme de nuevo?

-Lamento mucho, pero mucho, verle en ese estado de ánimo tan extraño, Pavel Aleksandrovich. ¡Qué manera de hablar! ¡No modera usted sus palabras ni en presencia de una señora!

-¡En presencia de una señora! ¡Usted... será lo que quiera, pero no es una señora! -exclamó Mozglyakov.

No sé lo que quería expresar con su exclamación, pero probablemente algo tremebundo.

Marya Aleksandrovna le miró en el rostro con dulzura.

-¡Siéntese! -dijo con tristeza, señalándole el sillón en el que un cuarto de hora antes había descansado el príncipe.

-¡Pero escuche, por favor, Marya Aleksandrovnal -exclamó Mozglyakov perplejo-. Me mira usted como si no tuviera culpa ninguna y como si yo fuera el culpable. ¡Eso no puede ser!... ¡Ese tono!... ¡Esto ya no hay quien lo aguante ... ! ¿Lo sabe usted?

-Amigo mío -respondió Marya Aleksandrovna-, me permitirá usted que siga llamándole así, porque no tiene usted mejor amiga que yo. ¡Amigo mío! Usted sufre, usted está atormentado. Usted se siente herido en su propio corazón -y por eso no es extraño que me hable en ese tono-. Pero he decidido descubrir a usted todo mi corazón, todo él, y cuanto antes, porque yo misma me siento algo culpable ante usted. Siéntese y hablemos.

La voz de Marya Aleksandrovna tenía una suavidad enfermiza. El sufrimiento se dibujaba en su rostro. Mozglyakov, pasmado, se sentó en un sillón junto a ella.

-¿Ha estado usted escuchando? -continuó ella mirándole con reproche.

-¡Sí, he estado escuchando! ¡Claro que he estado escuchando! De lo contrario hubiera sido un zopenco. Por lo menos me he enterado de todo lo que ustedes estaban tramando contra mí -respondió Mozglyakov groseramente, azuzándose y envalentonándose con el propio enojo.

-¿Y usted, usted, con su educación y sus buenos principios ha sido capaz de tal cosa? ¡Dios mío!

Mozglyakov saltó materialmente de su asiento.

¡Pero Marya Aleksandrovna! -gritó-. ¡Esto ya pasa de castaño oscuro! ¡Recuerde lo que usted misma ha acabado por hacer con sus principios, y luego condene a los demás!

-Una pregunta más -agregó ella sin contestar a las de él-. ¿Quién le dio a usted la idea de escuchar? ¿Quién le vino con cuentos? ¿Quién estaba espiando aquí? Eso es lo que yo quiero saber.

-Disculpe, pero no se lo digo.

-Bien. Ya me enteraré yo por mi cuenta. Como iba diciendo, *Paul*, me siento culpable ante usted. Pero si examina de cerca todas las circunstancias del caso, verá que si soy culpable, lo soy sólo porque quería para usted el mayor bien posible.

-¿Para mí? ¿El bien? ¡Pero esto es intolerable! ¡Le aseguro que ya no me dejo engañar! No soy un chicuelo.

Y diciendo esto, se removió con tal violencia en su sillón que lo hizo crujir.

-Por favor, amigo mío, serénese si puede. Escúcheme con atención y usted mismo se convencerá. En primer lugar, yo quería explicarle todo, todo y en seguida, y de ese modo hubiera sabido de mí todo el asunto, hasta en sus detalles más nimios, sin tener que rebajarse a escuchar a las puertas. Y si no lo hice de antemano fue sólo porque el asunto estaba todavía en proyecto. Podía ocurrir que no cuajara. Ya ve que soy franca con usted. En segundo lugar, no culpe a mi hija. Le quiere a usted con delirio, y no puede usted figurarse el esfuerzo que me ha costado apartarla de usted y convencerla de que acepte la propuesta del príncipe.

-Acabo de tener el placer de recibir la prueba más completa de ese amor *delirante* -apuntó Mozglyakov con ironía.

-Bien, ¿y usted, cómo habló con ella? ¿Es que habla así un enamorado? O, mejor aún, ¿es que habla así una persona bien educada? ¡Usted la irritó y la insultó!

-No es cuestión de educación ahora, Marya Aleksandrovna. Porque esta mañana, después de hacerme tantas carartoñas, cuando salí con el príncipe me pusieron ustedes como chupa de dómine. Las cosas claras, señora. Lo sé absolutamente todo.

-¿Y probablemente de la misma fuente inmunda? -preguntó Marya Aleksandrovna, sonriendo con desdén-. Sí, Pavel Aleksandrovich, le puse a usted como chupa de dómine, hablé mal de usted y confieso que buen trabajo me costó. Pero el hecho mismo de verme forzada a hacer todo esto ante ella, incluso a calumniarle, prueba lo difícil que fue arrancarle el consentimiento de que le despidiera a usted. ¡Hombre más miope! Si ella no le quisiera, ¿necesitaría yo difamarle, presentarle bajo un aspecto ridículo e indigno, recurrir a estas medidas extremas? ¡No sabe usted de la misa la media! Tuve que valerme de la autoridad de una Madre para arrancarle a usted de su corazón, y aun después de esfuerzos increíbles logré sólo un consentimiento aparente. Si nos ha estado usted escuchando, habrá notado que ella no me apoyó ante el príncipe ni con una palabra ni con un gesto. En toda esa escena apenas dijo esta boca es mía. Cantó como una autómata. Tenía el alma traspasada de tristeza; y de lástima por ella me llevé de aquí al príncipe. Estoy segura de que, una vez sola, rompió a llorar. Cuando entró usted, habrá notado sus lágrimas...

Mozglyakov recordó en efecto que, al entrar en la habitación, notó que Zina estaba llorando.

-Pero usted, usted, ¿por qué se ha puesto contra mí, Marya Aleksandrovna? --exclamó él-. ¿Por qué me insultó, por qué me calumnió, como usted misma confiesa ahora?

-¡Ah, ésa es otra cosa! Si me lo hubiera usted preguntado al principio con buenas maneras, ya hace tiempo que hubiera tenido contestación. Sí, tiene usted razón. He hecho todo eso y lo he hecho sola. No meta usted en ello a Zina. ¿Que por qué lo he hecho? Le contesto que, en primer lugar, por Zina. El príncipe es rico, bien conocido, está bien relacionado, y, casándose con él, Zina alcanza un espléndido partido. Cuando él muera -y quizá sea pronto, porque todos, el que más el que menos, somos mortales- Zina será una viuda joven, princesa, quizá muy rica, y pertenecerá a la más alta sociedad. Entonces podrá casarse con quien le dé la gana, podrá hallar un partido riquísimo. Ahora bien, se casará por supuesto con el hombre a quien quiera, con el hombre a quien quería antes, y a quien destrozó el corazón cuando se casó con el príncipe. Bastaría sólo el remordimiento para obligarle a expiar su conducta con la persona a quien había querido antes.

-¡Hum! -rezongó Mozglyakov mirándose fijamente las botas.

-En segundo lugar, y a esto aludiré sólo de paso -prosiguió Marya Aleksandrovna- porque quizás usted tampoco lo comprende... Usted lee a ese Shakespeare de sus pecados y saca de él todos sus sentimientos elevados, pero en las cosas de este mundo, aunque es usted muy *bueno*, es usted demasiado joven. ¡Y yo soy *madre*, Pavel Aleksandrovich! Escuche, pues. Caso a Zina con el príncipe hasta cierto punto por él mismo, porque quiero salvarle con este matrimonio. Ya antes he tenido mucho afecto a este noble anciano, tan excelente, tan caballerescamente generoso. Éramos amigos. Él no es feliz en las garras de ese demonio de mujer, que le lleva derechito al sepulcro. Bien sabe Dios que he consentido que Zina se case con él sólo después de hacerle ver todo lo que hay de sagrado en su sacrificio. A ella la seduce la nobleza de los sentimientos, el encanto de la hazaña. En ella hay también algo caballeresco. Yo le he representado lo excelsamente cristiano de ser el apoyo, el consuelo, la amiga, la hija, la beldad, el ídolo de alguien a quien quizá sólo le queda un año de vida. En los últimos días de su vida se vería rodeado de luz, amistad, amor, en lugar de verse oprimido por una mujer repugnante, el temor y la desespeperación. ¡Un paraíso le parecerían esos días de su ocaso! ¿Qué egoísmo hay en eso? A ver, dígame, por favor. Más que egoísmo, ésta es la conducta de una hermana de la caridad.

-¿Así pues..., ha hecho usted todo eso sólo por el príncipe, como obra de una hermana de la caridad? -gruñó Mozglyakov con voz sarcástica.

-Esa pregunta también la entiendo, Pavel Aleksandrovich. Está bastante clara. ¿Usted quizá piensa que aquí combinamos jesuíticamente el provecho del príncipe y el provecho propio? Bueno, ¿y qué? Puede que me pasaran por la cabeza tales cálculos, pero no fueron jesuíticos, sino involuntarios. Sé que le asombra esta franca confesión, pero sólo le pido, Pavel Aleksandrovích, que no mezcle en ello a Zina. Ella es pura como una paloma; no hace cálculos; sólo sabe amar, hija mía querida. Si alguien ha hecho cálculos he sido yo, yo sola. Pero para empezar, examine rigurosamente su conciencia y dígame: en una situación como ésta ¿quién no haría cálculos en mi lugar? Calculamos nuestros beneficios hasta en nuestras acciones más irreprochables y magnánimas, y lo hacemos sin querer, sin pensar. Es indudable que casi todos nos enganamos cuando tratamos de convencernos de que obramos sólo por los motivos más nobles. Yo no quiero engañarme a mí misma. Confieso que junto a la pureza de mis intenciones ha habido cálculo también. Pero, pregúntese a favor de quién hago estos cálculos. Yo ya no tengo necesidad de nada, Pavel Aleksandrovich. Mi vida pertenece al pasado. Yo he hecho cálculos por ella, por ese ángel mío, por mi niña. ¿Qué madre me culparía en un caso así?

Los ojos de Marya Aleksandrovna se llenaron de lágrimas. Pavel Aleksandrovich escuchaba asombrado esta cándida confesión y parpadeaba confuso.

-Bueno, sí, ¿qué madre ... ? -dijo por fin-. Usted canta muy bien, Marya Aleksandrovna, pero... pero ¡me dio usted su palabra! ¡Me dio usted esperanzas! Y de mí ¿qué? Piénselo. Porque ¿en qué situación quedo yo ahora?

-¿Pero puede usted creer que no he pensado en us ted, *mon cher Paul?* Muy al contrario. En todos estos cálculos hay una ventaja tan enorme para usted que ella ha sido uno de los motivos principales de que lleve a cabo mis planes.

-¡Ventaja para mí! -exclamó Mozglyakov, esta vez estupefacto de veras-. ¿Cómo es eso?

-¡Dios mío! ¿Pero es posible que sea usted tan inocente y corto de vista? -prorrumpió Marya Aleksandrovna levantando los ojos al cielo-. ¡Oh, juventud, juventud! Esto es lo que resulta de leer a ese Shakespeare, de soñar, de imaginarse que uno vive, cuando vive con la mente ajena, con pensamientos ajenos. ¿Usted pregunta, mi *buen* Pavel Aleksandrovich, qué ventaja hay en esto para usted? Permítame que, para aclarar las cosas, le diga algo de paso: Zina le quiere; eso es indudable. Pero he notado que, a pesar de su cariño evidente, siente en el fondo cierta desconfianza hacia usted, hacia sus buenos sentimientos, hacia sus inclinaciones. He notado que a veces, como de propósito, se muestra encogida y fría con usted, lo cual resulta de la duda y el recelo. ¿No lo ha notado usted mismo, Pavel Aleksandrovich?

-Lo he notado, sí; y hoy, por cierto... Pero ¿qué quiere usted decir, Marya Aleksandrovna?

-Ya ve, usted mismo lo ha notado. Así, pues, no me equivocaba. Ella, por algún motivo raro, sospecha de la constancia del carácter de usted. Yo, que soy madre, ¿cómo no voy a adivinar lo que pasa en el corazón de mi hija? Imagínese ahora que, en lugar de entrar corriendo en la habitacion con quejas y aun con despropósitos, de irritar, ofender, insultar a una joven honrada, bella, orgullosa, y reforzar con ello sin querer sus sospechas de que no es usted de fiar; imagínese que hubiera usted recibido esa noticia con mansedumbre, con lágrimas de compasión, quizá, sí, con desesperación, pero con nobleza de espíritu...

-¡Humm ... !

-No, no me interrumpa, Pavel Aleksandrovith. Quiero esbozarle a usted todo el cuadro para que quede fijo en su imaginación. Figúrese que se hubiera acercado usted a ella y le hubiera dicho: «Zinaida, te quiero más que a mi vida, pero cuestiones de familia nos separan. Comprendo estas cuestiones. Tu felicidad depende de esas cuestiones y yo no me atrevo a oponerme a ellas. Zinaida, ¡adiós! ¡Sé feliz si puedes!» Y entonces la hubiera usted mirado con ojos de víctima propiciatoria, por así decirlo; ¡imagínese todo esto y piense en el efecto que tales palabras hubieran producido en su corazón!

-Sí, Marya Aleksandrovna, pongamos que todo eso es como usted dice. Comprendo todo eso..., pero, bueno .... aun si lo hubiera hecho así, no habría resultado nada...

-No, no, no, amigo mío. No me interrumpa. Insisto en bosquejar todo el cuadro, en todos sus detalles, para que quede usted impresionado como es debido. Imagínese que más tarde, al cabo de cierto tiempo, tropieza usted con ella en la alta sociedad; que la encuentra en un baile, bajo una iluminación brillante y a los acordes de una música arrebatadora, entre un grupo de mujeres espléndidas, y que en medio de tal fiesta es usted el único que está triste, pensativo, pálido, apoyado en una columna (aunque de modo que se le vea), y que la sigue con los ojos por entre el torbellino de la danza. Ella está bailando. Alrededor de usted flotan los ritmos seductores de la música de Strauss, las ingeniosas agudezas de la alta sociedad.... y usted sigue solo, pálido y con el corazón destrozado por la pasión. ¿Qué sentirá entonces Zina? Piénselo, ¿con qué ojos le mirará? «Y yo -pensará- ¡y yo que dudaba de este hombre que me lo ha sacrificado todo y que ha destrozado su corazón por mí! No cabe duda de que el antiguo amor reverdecerá en ella con fuerza irresistible.

Marya Aleksandroyna hizo una pausa para recobrar aliento. Mozglyakov se revolvió en el sillón con tal brío que una vez más lo hizo crujir. Marya Aleksandrovna continuó.

-Por causa de la salud del príncipe, Zina va al extranjero, a Italia,, a España..., a España, con sus mirtos, sus limones, su cielo azul, su Guadalquivir, país de amor, donde no es posible vivir sin amor, donde el aire, por así decirlo, arrastra rosas y besos. Usted, claro, la sigue allí, sacrificando su trabajo, sus relaciones, todo. Allí se inicia el amor de ustedes con vigor incontenible; amor, juventud, España. ¡Dios mío! Ni que decir tiene que ese amor es casto, sagrado; acaban ustedes por *languidecer* mirándose uno al otro. ¡Ya me entiende usted, *mon ami!* Claro que habrá gentes mezquinas e insidiosas, monstruos, que afirmarán que lo que le ha llevado a ustedes al extranjero no ha sido un sentimiento de parentesco hacia un anciano impedido. De propósito ha llamado casto a su amor porque acaso estas gentes le den significado muy distinto. Pero soy madre, Pavel Aleksandrovich; ¿cómo podría yo enseñarle nada indecoroso? Por supuesto que el príncipe no estará en condiciones de vigilarles, pero ¿qué más da? ¿Cabe basar en ello una calumnia tan vil? Por fin morirá él bendiciendo su suerte. Dígame: ¿con quién se casaría Zina sino con usted? Usted es un pariente tan lejano del príncipe que no puede haber ningún impedimento para el matrimonio. Usted la hará suya siendo ella joven, rica, conocida. ¡Y en qué momento! Cuando los más destacados aristócratas se enorgullecerían de casarse con ella. Con su ayuda alcanzará usted el puesto que le corresponde en el círculo más alto de la sociedad. Con su ayuda recibirá usted un alto puesto en la administración. Ahora tiene usted ciento cincuenta siervos, pero entonces será rico. El príncipe cuidará de todo en su testamento; ya me encargaré yo de ello.

Y, por último, lo importante: ella tendrá plena fe en usted, en su corazón, en sus sentimientos, y usted será para ella un héroe de la virtud y el sacrificio... Y usted, después de esto, ¿usted pregunta cuál será su provecho? Pero, hombre, hay que ser ciego para no notar, para no entender, para no calcular tal provecho, cuando está a dos pasos de usted, cuando le mira a usted y le sonríe, y le dice: «¡Soy yo, tu provecho!» Pavel Aleksandrovich, ¡por Dios santo!

-¡Marya Aleksandrovna! --exclamó Mozglyakov con insólita agitación- ¡Ahora lo comprendo todo! Me he portado con grosería, con mezquindad, con vileza.

Se levanto de un salto del asiento y se asió de los cabellos.

-Y sin prudencia -agregó Marya Aleksandrovna-; sobre todo sin prudencia.

-Soy un asno, Marya Aleksandrovna -gritó casi desesperado. -Ahora todo está perdido, porque la amo hasta la locura.

-Quizá no esté todo perdido -añadió la señora Moskaleva en voz baja, como cavilando alguna cosa.

-¡Ah, si fuera posible! ¡Ayúdeme! ¡Instrúyame! ¡Sálveme! Y Mozglyakov rompió a llorar.

-Amigo mío -dijo Marya Aleksandrovna alargándole la mano-, lo ha hecho usted por exceso de fiebre, por ardiente pasión, o lo que es igual, por el amor que le tiene. ¡Estaba usted desesperado, perdió el tino! Ella, claro, debiera comprender eso...

-¡La amo con locura y estoy dispuesto por ella a sacrificarlo todo! -exclamó Mozglyakov.

-Mire, yo le disculparé ante ella...

-¡Marya Aleksandrovna!

-Sí, yo me encargo de ello. Yo le guío a usted. Usted le dice palabra por palabra lo que yo acabo de decirle a usted.

-¡Ay, Marya Aleksandrovna, qué buena es usted!... Pero ¿no habrá que hacerlo en seguida?

-¡Dios lo no permita! ¡Qué poca experiencia tiene usted! ¡Con lo orgullosa que es ella, lo tomaría como una nueva grosería, como una insolencia! Mañana lo arreglo yo todo. Y ahora váyase a algún sitio, aunque sea a casa de ese mercader ...; venga a la noche, quizá, pero no se lo aconsejaría.

-¡Voy, voy! ¡Dios mío, me salva usted! Una palabra más: ¿y si el príncipe no se muere tan pronto?

-¡Pero, santo Dios, que inocentón es usted, *mon cher Paul!* Al contrario, debemos rogar a Dios por su salud. De todo corazón debemos desear larga vida a ese anciano tan simpático, tan bueno, tan caballeres camente noble. Yo seré la primera en rogar a Dios noche y día con lágrimas en los ojos por la felicidad de mi hija. Pero ¡ay! la salud del príncipe no ofrece esperanzas. Por añadidura, será menester ahora ir a la capital e introducir a Zina en el mundo. Temo ¡ay cómo lo temo! que el pobre señor no llegue a realizar todo eso. Pero rezaremos, *cher Paul*, y el resto queda en manos de Dios. ¡Váyase ahora! Le bendigo, *mon ami*. Tenga esperanza, paciencia, valor; ¡lo importante es tener valor! Yo nunca he dudado de la nobleza de sus sentimientos...

Le apretó fuertemente la mano y Mozglyakov abandonó la habitación de puntillas.

-Bueno, me he librado de un mantecato -dijo ella en tono de triunfo-. Quedan otros...

Se abrió la puerta y entró Zina, más pálida que de ordinario. Le brillaban los ojos.

-¡Mamá -dijo- acabe pronto porque no aguanto más! Todo esto es tan inmundo y vil que estoy dispuesta a escaparme de casa. ¡No me atormente más! ¡No me martirice! ¡Toda esta porquería me causa náusea, ¿sabe usted? náusea!

-¡Zina! ¿Qué te pasa, ángel mío? ¡Has estado... escuchando! -exclamó Marya Aleksandrovna mirando a Zina con fijeza e inquietud.

-Sí, he estado escuchando. ¿No quiere usted avergonzarme a mí también, como ha hecho con ese idiota? Mire, le juro que si sigue usted torturándome así y haciéndome representar toda clase de papeles degradantes en esta infame comedia, doy al traste con todo y punto final. Ya es bastante que haya aceptado la infamia principal. ¡Esta cochambre me produce asfixia! -y salió dando un portazo.

Marya Aleksandrovna la siguió fijamente con los ojos y quedó pensativa.

-¡Hay que darse prisa, prisa! -dijo sintiendo un escalofrío-. Es ella la dificultad principal, el mayor peligro. Y si estos granujas no nos dejan en paz y lo proclaman por toda la ciudad -lo que probablemente han hecho ya- todo está perdido. Ella no resistirá este fregado y renunciará a todo. Sea como sea es preciso llevarse al príncipe a la casa de campo. Voy volando allí primero, recojo al cretino de mi marido y me lo traigo aquí. ¡Para algo, al fin y al cabo, habrá de valer! Mientras tanto el viejo habrá echado su siesta y podremos irnos.

Tiró del cordón de la campanilla.

-¿Qué hay de los caballos? -preguntó al criado que entró.

-Hace rato que están listos, señora -respondió el lacayo.

Los caballos habían sido pedidos en el mismo momento en que Marya Aleksandrovna conducía al príncipe al piso de arriba.

Se vistió, pero no sin antes ir un instante a ver a Zina para comunicarle a grandes rasgos su decisión y darle algunas instrucciones. Pero Zina no pudo escucharla. Estaba en la cama con el rostro hundido en la almohada y, los brazos desnudos hasta el codo, lloraba a lágrima viva y se arrancaba el cabello largo y espléndido. De vez en cuando se estremecía como si un escalofrío le corriera por todos los miembros. Marya Aleksandrovna empezó a decirle algo, pero Zina ni siquiera levantó la cabeza.

Marya Aleksandrovna permaneció un rato de pie junto a ella, salió confusa de la habitación y, para resarcirse, subió al carruaje y mandó salir a toda velocidad.

-¡Qué fastidio que Zina haya estado escuchando! -pensaba al montarse-. He tratado de persuadir a Mozglyakov casi con las mismas palabras que a ella. Es orgullosa y quizá se haya ofendido... Bueno, lo que de veras importa es que haya bastante tiempo para arreglarlo todo antes de que la gente huela algo. ¡Qué lástima! ¿Y si ahora el idiota de mi marido no está en casa?

Y sólo de pensar en ello se sentía poseída de una rabia que no auguraba nada bueno para Afanasi Matveich. Rebullía de impaciencia en su asiento. Los caballos la arrastraban al galope.

X

El carruaje volaba. Ya hemos dicho que esa misma mañana había surgido una idea genial en la mente de Marya Aleksandrovna cuando iba en persecución del príncipe por la ciudad. De esa idea habíamos prometido ocuparnos en su debido lugar. Pero el lector ya la conoce. Consistía en secuestrar por su cuenta al príncipe y llevárselo lo antes posible a la casa de campo que tenía a corta distancia de la ciudad, y en la que lejos del mundanal ruido florecía el bienaventurado Afanasi Matveich. No ocultamos que Marya Aleksandrovna iba sintiendo cada vez con más fuerza una inquietud inexplicable. Esto les sucede aun a los héroes más auténticos, precisamente cuando alcanzan su objetivo. Un cierto instinto le sugería que era peligroso permanecer en Mordasov. «Pero una vez en el campo -razonaba ella- ¡por mí, que todo el pueblo se ponga patas arriba!» Por supuesto, que ni en el campo había tiempo que perder. Todo podía suceder, absolutamente todo, aunque nosotros por supuesto no demos fe a los rumores que sobre nuestra heroína hicieron correr más tarde sus detractores, según los cuales la señora temía hasta a la policía en aquellos momentos. En una palabra, se percataba de que era menester casar a Zina con el príncipe cuanto antes. Los medios estaban al alcance de la mano. El sacerdote local podía casarlos en la casa de campo. La boda podía celebrarse dos días después, y en caso de absoluta necesidad incluso al día siguiente. Porque, como es sabido, hay enlaces que se han arreglado en un par de horas. Había que hacer ver al príncipe que tal premura, con ausencia de festejos, de esponsales, de damas de honor, era un indispensable *comme il faut;* había que inducirle a creer que ello resultaría más aristocrático y decoroso. Por último, sería posible presentarlo todo como si fuera una aventura romántica y pulsar de ese modo la cuerda más sentimental del corazón del príncipe. En un caso extremo cabría hasta emborracharle o, mejor todavía, tenerle continuamente ebrio. Después, pasara lo que pasara, Zina sería ya princesa; y aun si no era posible evitar el escándalo, en Petersburgo o Moscú por ejemplo, donde el príncipe tenía parientes, también para ello había remedio. En primer lugar, todo eso estaba aún por suceder; en segundo lugar, Marya Aleksandrovna creía que en la alta sociedad casi nada ocurría un escándalo, especialmente en materia de casorios; más aún, que era de buen tono, ya que, según ella, los escándalos en ese elevado nivel social tendrían que ser por algún concepto especiales, grandiosos, algo por el estilo de Montecristo o las *Mémories du Diable.* Bastaría, por último, con que Zina se presentara en la alta sociedad y que su mamá la apoyara para que todos, sin excepción, quedaran subyugados al instante; y ninguna de esas condesas y princesas, individual o colectivamente, estaría en condiciones de aguantar los latigazos verbales, al estilo de Mordasov, que sin ayuda de nadie estaría dispuesta a darles Marya Aleksandrovna. En consecuencia de estas figuraciones Marya Aleksandrovna volaba ahora a su hacienda rural en busca de Afanasi Matveich, a quien, en sus cálculos, señalaba ahora una función indispensable. En realidad, llevar al príncipe a la casa de campo suponía llevarlo a Afanasi Matveich, a quien quizá el príncipe no tuviera muchas ganas de conocer. Pero si, por otra parte, Afanasi Matveich extendía una invitación, el asunto tomaría entonces un cariz diferente; amén de que la presencia de un padre de familia bien plantado y de edad avanzada, vestido de frac y con corbata blanca, sombrero en mano, venido exprofeso de tierras lejanas en cuanto se hubo enterado de la llegada del príncipe, podía producir un efecto sobremanera agradable, podía incluso halagar la vanidad del prócer. Marya Aleksandrovna opinaba que a éste le sería difícil declinar una invitación hecha tan de propósito y con tanta ceremonia. El carruaje cubrió por fin las tres verstas, y el cochero Safron detuvo los caballos ante la entrada de un edificio de madera, largo, de una sola planta, bastante maltrecho y ennegrecido por los años, con una larga hilera de ventanas y rodeado por todos lados de viejos tilos. Era la casa rural y la residencia veraniega de Marya Aleksandrovna. En la casa había ya luces encendidas.

-¿Dónde está ese idiota? -gritó Marya Aleksandrovna entrando como un huracán en el cuarto-. ¿Por qué está aquí esta toalla? ¡Ah, se estaba secando! ¿Otra vez bañándose? ¡Y eso de beber té sin parar! ¿Por qué me miras con esos ojos saltones, so mentecato? ¿Cómo es que no le han cortado el pelo? ¡Grishka! ¡Grishka! ¡Grishka! ¿Por qué no has cortado el pelo al señor como te lo mandé la semana pasada?

Al entrar en la habitación, Marya Aleksandrovna se proponía saludar a Afanasi Matveich con mucha más suavidad, pero viendo que venía del baño y que con deleite tomaba el té, no pudo contener la mas amarga indignación. A decir verdad ¡tanto trabajo y ajetreo por parte de ella y tanto bendito quietismo por parte de Afanasi Matveich, hombre inútil e incapaz para nada! Ese contraste le dio al momento una puntada en el corazón. Mientras tanto, el mentecato, o, para hablar con más respeto, aquel a quien se llamaba mentecato, estaba sentado junto al samovar y, con terror insensato, abierta la boca y saltones los ojos, miraba a su cónyuge, petrificado ante su aparición. Del vestíbulo surgió la figura soñolienta y desmañada de Grishka, que miraba con pasmo toda esta escena.

-Porque no se ha dejado, por eso no se los he cortado -respondió con un gruñido sordo-. «Mire el señor, le he dicho, que de repente se presenta la señora y nos va a echar una bronca a los dos, y ¿qué vamos a hacer entonces?» «No, espera, me ha dicho, porque el domingo voy a rizarme el pelo y para eso necesito tenerlo largo.»

-¿Cómo? ¿Con que se lo riza? ¿Y has pensado rizártelo en mi ausencia? ¿Qué moda es ésa? ¿Y crees que te va bien con esa cabezota de palo que tienes? ¡Dios, qué desbarajuste hay aquí! ¿A qué huele? A ti te lo pregunto, bestia, ¿a qué huele aquí? -gritaba la esposa apremiando cada vez más a aturdido Afanasi Matveich.

-¡Ma... madrecita! -murmuró el atemorizado marido sin levantarse de su sitio y mirando con ojos suplicantes a quien así le tiranizaba-. ¡Ma... ma... madrecita!

-¿Cuántas veces te he de meter en esa cabeza de burro que no soy tu madre? ¿Qué madrecita soy para ti, pedazo de pigmeo? ¿Cómo te atreves a dar ese nombre a una dama noble cuyo lugar está en la mejor sociedad y no junto a un asno como tú?

-Pero... pero si tú, Marya Aleksandrovna, eres al cabo mi esposa legítima...; por eso te hablo... conyugalmente... -dijo Afanasi Matveich, alzando al mismo tiempo ambas manos sobre la cabeza para protegerse el cabello.

-¡Zopenco! ¡Pedazo de.adoquín! ¿Habráse oído una contestación más tonta? ¡Esposa legítima! ¡Pero es que se estilan todavía las esposas legítimas? ¿Es que hay alguien hoy, en la alta sociedad, que use esa estúpida palabra, legítima, esa palabreja repugnante propia de un seminarista? ¿Y cómo te atreves a recordarme que soy tu mujer cuando yo procuro con todas mis fuerzas y por todos los medios olvidarme de ello? ¿Por qué te tapas la cabeza con las manos? ¡Miren cómo tiene el pelo! ¡Chorreando todo él! No se le seca en tres horas. ¿Y cómo llevármelo ahora? ¿Cómo presentárselo a la gente? ¿Qué hacer ahora?

Y Marya Aleksandrovna se retorcía las manos de rabia, corriendo de un extremo al otro de la habitación. El apuro era de menor cuantía y remediable, pero lo que sucedía era que

Marya Aleksandrovna no podía poner coto a su genio imperioso y arrollador. Le era necesario desahogar continuamente su enojo en Afanasi Matveich, porque la tiranía es una costumbre que llega a ser necesidad. Al fin y al cabo, todo el mundo sabe de qué contrastes son capaces las damas refinadas de la buena sociedad cuando están entre bastidores, y yo he querido describir ese contraste. Afanasi Matveích seguía trémulo las evoluciones de su esposa y sudaba con sólo mirarla.

-¡Grishka! -exclamó por fin la dama-, hay que vestir en seguida al señor: frac, pantalón, corbata blanca, chaleco. ¡Hala, vamos! ¿Dónde está su cepillo para el pelo? ¿Dónde?

-¡Madrecita, pero si acabo de salir del baño! Puedo resfriarme si vamos a la ciudad...

-No te resfriarás.

-Pero tengo el pelo mojado...

-¡Ya verás cómo te lo secamos! Grishka, tú toma el cepillo y frótale la cabeza hasta que esté seca. ¡Más fuerte! ¡Más fuerte! ¡Más! ¡Así! ¡Así!

Ante este mandato, el fiel y servicial Grishka se puso con todas sus fuerzas a secar los cabellos de su amo, cogiéndole del hombro para mayor comodidad y obligándole a inclinarse sobre el diván. Afanasi Matveich arrugó el entrecejo y casi estuvo a punto de llorar.

-¡Ahora ven acá! ¡Levántale, Grishka! ¿Dónde está la pomada? ¡Agáchate! ¡Agáchate, sinvergüenza! ¡Agáchate, bruto!

Y Marya Aleksandrovna, con sus propias manos, se puso a aplicar el unto a su marido, tirándole sin piedad del cabello entrecano que el desgraciado no se había dejado cortar. Afanasi Matveich suspiraba, gemía, pero no lanzó un solo grito y aguantó con humildad toda la operación.

-¡Me estás sorbiendo la sangre, cretino! -prosiguió Marya Aleksandrovna-. ¡Pero agáchate más! ¡Agáchate!

-¿Cómo que te estoy sorbiendo la sangre, madre cita? -masculló el marido bajando la cabeza todo lo posible.

-¡Estúpido! ¡No entiende la alegoría! ¡Ahora péinate! ¡Y tú, vístele! pero ¡hala! ¡de prisa!

Nuestra heroína se sentó en un sillón y, con mirada inquisitorial, estuvo siguiendo todo el ceremonial del atavío de Afanasi Matveich. Mientras tanto, él logró descansar un poco y cobrar ánimos; y cuando llegó el momento de que se le anudara la corbata blanca, hasta se atrevió a expresar una opinión propia acerca de la forma y hermosura del nudo. Por último, cuando se le puso el frac, el respetable caballero recobró por completo su aplomo y empezó a mirarse en el espejo con cierta estimación.

-¿A dónde me llevas, Marya Aleksandrovna? -preguntó acicalándose.

Marya Aleksandrovna no podía dar crédito a sus oídos.

-¿Habéis oído? Animal disecado, ¿cómo te atreves a preguntarme que a dónde te llevo?

-Pero, madrecita, es preciso saber...

-¡A callar! ¡Ay de ti si me llamas una sola vez madrecita en el sitio a que vamos! Te dejo sin té un mes entero.

El aterrado marido guardó silencio.

-¡Se habrá visto! ¡El muy indecente no ha ganado ni una sola condecoración -prosiguió ella mirando con desprecio el frac negro de Afanasi Matveich.

Afanasi Matveich acabó por ofenderse.

-Las condecoraciones, madrecita, las concede el gobierno, y yo soy un consejero y no un indecente -replicó con noble indignación.

-¿Qué? ¿Qué es eso? ¿Has aprendido a razonar aquí? ¡So patán! ¡So pringoso! Lástima que no tenga tiempo ahora para arreglarte las cuentas, que si no... Pero ya me acordaré más tarde. ¡Dale el sombrero, Grishka! ¡Dalé el gabán! Aquí hay que arreglar estas tres habitaciones mientras que yo estoy fuera. ¡Mano a las escobas en seguida! Quitad los guardapolvos de los espejos y de los relojes y que todo esté listo para dentro de una hora. Y tú ponte también de frac y reparte los guantes a los criados. ¿Oyes, Grishka, oyes?

Subieron al carruaje. Afanasi Matveich estaba confuso, perplejo. Entretanto, Marya Aleksandrovna iba pensando en cómo meterle en la cabeza a su marido ciertas instrucciones, ineludibles en la actual situación de él. Pero el marido le tomó la delantera.

Hoy, ¿sabes, Marya Aleksandrovna? he tenido un sueño de lo más original -anunció inesperadamente en medio del silencio mutuo.

-¡Vaya con el fantoche! ¡Y ahora a mí se me ha ido el santo al cielo! ¡Valiente sueño! ¡Y te atreves a importunarme con tus sueños de patán! ¡Original! ¿Es que tú entiendes lo que es original? Escucha, porque es la última vez que te lo digo: si con una sola palabra te atreves a recordarme tu sueño o cualquier otra cosa, te... bueno, ¡no sé lo que hago contigo! Escucha bien: hoy ha venido a casa el príncipe K. ¿Te acuerdas del príncipe K.?

-Sí, madrecita, me acuerdo. ¿A qué se debe la visita?

-Calla, eso no te importa. Tú, como amo de la casa debes invitarle con especial amabilidad a que venga en seguida a nuestra casa de campo. A eso te llevo. Hoy pues, cogemos y nos venimos. Pero si tú te atreves a decir una sola palabra en toda la noche, o mañana, o pasado, o cualquier otro día, te pongo a guardar gansos un año entero. No digas nada. Ni pío. En eso con siste lo que tienes que hacer. ¿Entendido?

-Pero ¿y si me preguntan algo?

-Te callas de todos modos.

-Pero es imposible callar a todo, Marya Aleksandrovna.

-En ese caso responde con monosílabos. Di, por ejemplo, «humm ... », o algo por el estilo,, para demostrar que eres hombre inteligente y que piensas antes de contestar.

-Humm...

-Entiéndeme. Te llevo para que digas que te has enterado de la llegada del príncipe, y que, encantado con su visita, has venido corriendo a cumplimentarle a y a invitarle a la casa de campo. ¿Entiendes?

-Humm...

-¡Todavía no es hora de «humear», idiota! ¡Contéstame!

-Bueno, madrecita, todo se hará según tus deseos. Pero ¿por qué tengo que invitar al príncipe?

-¿Qué es eso? ¿Otra vez razonando? ¿Y a ti qué te importa por qué? ¿Cómo te atreves a preguntarlo?

-Pero vuelvo a lo mismo, Marya Aleksandrovna. ¿Cómo voy a invitarle si me mandas que me calle?

-Yo hablaré por ti, y tú no haces más que inclinarte ¿me oyes?, sólo inclinarte con el sombrero en la mano. ¿Entiendes?

-Entiendo, mad .... Marya Aleksandrovna.

-El príncipe es sumamente ingenioso. Si dice algo, aunque no se dirija a ti, tú contestas a todo con afa bilidad y con una sonrisa alegre, ¿comprendes?

-Humm...

-¿«Humeando» otra vez? ¡Conmigo no se «humea»! Contesta sencilla y directamente: ¿me oyes o no?

-Te oigo, Marya Aleksandrovna, te oigo. ¿Cómo no te voy a oír? Si digo «humm» es para acostumbrarme, como me has mandado. Sólo que vuelvo otra vez, madrecita, a eso de que el príncipe dice algo y tú me mandas que le mire y me sonría. Bueno, suponte que me pregunta algo.

-¡Pero qué cernícalo! Ya te he dicho que tú callas. Yo contesto por ti y tú te limitas a mirar y sonreír.

-Entonces va a creer que soy mudo -murmuró Afanasi Matveich.

-¡Como si eso importara! Deja que lo piense. De esa manera disimulas que eres tonto.

-Humm... ¿y si otros me preguntan algo?

-Nadie te preguntará nada, porque no habrá nadie Y en caso de que venga alguien -¡Dios no lo permita!y te pregunte o te diga algo, tú le contestas al instante con una sonrisa sarcástica. ¿Sabes lo que es una sonrisa sarcástica?

-Ingeniosa, ¿no es eso, madrecita?

-¡Ingeniosa! Ya te daré yo... ¡Idiota! Pero, zopenco ¿quién va a esperar de ti nada ingenioso? Una sonrisa burlona, ¿entiendes? Burlona y despreciativa.

-Humm...

«¡Ay, qué miedo le tengo a este pazguato!» -decía para sí Marya Aleksandrovna-. «No cabe duda de que ha jurado sorberme la sangre. De veras que más hu biera valido no traerle.»

Cavilando de este modo, intranquila y quejumbrosa Marya Aleksandrovna sacaba continuamente la cabeza por la ventanilla del carruaje y apremiaba al cochero para que fuera más de prisa. Los caballos volaban, pero a ella le parecía que iban con lentitud. Afanasi Matveich, en su rincón, repetía mentalmente sus lecciones. Por fin el coche entró en la ciudad e hizo alto ante la casa de Marya Aleksandrovna. Pero apenas hubo pisado nuestra heroína el escalón de entrada cuando de pronto vio acercarse a la casa un trineo cubierto, de dos plazas, tirado por dos caballos, cabalmente el trineo en el que de ordinario paseaba Anna Nikolaevna Antipova. En él venían dos señoras. Una de ellas era, por supuesto, la propia Anna Nikolaevna; la otra, Natalya Dmitrievna, desde hacía poco su más sincera amiga y secuaz. A Marya Aleksandrovna se le cayó el alma a los pies. Pero apenas tuvo tiempo para lanzar una exclamación cuando llegó otro trineo, en el que por lo visto venía otra visitante. Se oyeron gritos de alegría.

-¡Marya Aleksandrovna! ¡Y con Afanasi Matveich! ¡Con que acaban de llegar! ¿De dónde? ¡Y qué a propósito, porque venimos a pasar con ustedes la velada entera! ¡Qué sorpresa!

Las visitantes saltaron al escalón de la puerta gorjeando como golondrinas. Marya Aleksandrovna no daba crédito a sus ojos ni a sus oídos.

«¡Así os trague la tierra! -musitó para sí-. Esto huele a conspiración. Hay que investigar. Pero no seréis vosotras, urracas, las que me ganaréis por la mano! ¡Esperad y veréis!

XI

Mozglyakov, al parecer, salió de casa de Marya Aleksandrovna completamente satisfecho. Ella había logrado enardecerle la fantasía. No fue a Boroduevo, porque sentía la necesidad de estar solo. Un cúmulo formidable de ensueños heroicos y románticos le tenía intranquilo. Soñaba con sincerarse solemnemente con Zina, soñaba con las nobles lágrimas de un corazón dispuesto a perdonarlo todo, con la palidez y la desesperación de que daría muestra en el brillante baile de Petersburgo, con España, con el Guadalquivir, con el amor y con el príncipe moribundo, que en su lecho de muerte juntaría las manos de los amantes. Luego con su bella y fiel esposa, maravillada de continuo ante su heroísmo y magnanimidad; y, de paso, a hurtadillas, con la atención de alguna condesa de la alta sociedad, en la que ingresaría por su casamiento con Zina, viuda del príncipe K., con un cargo de vicegobernador, con dinero...; en una palabra, todo lo que Marya Aleksandrovna le había descrito de modo tan elocuente se le representó una vez más en su alma satisfecha, mimándola, subyugándola y, mejor todavía, halagando su amor propio. Pero he aquí y no sé en verdad cómo explicar esto que cuando ya empezaba a cansarse de todos estos arrebatos, se le ocurrió de pronto un pensamiento molesto, a saber, que, bien mirado, todo eso estaba todavía en lontananza, y que por el momento quedaba él de todos modos en ridículo. Cuando se le ocurrió esto, notó que en su paseo había ido bastante lejos, hasta un arrabal solitario y desconocido de Mordasov. Había oscurecido. Por las calles, bordeadas de casuchas pequeñas medio enterradas en la tierra, ladraban furiosamente los perros, esos perros que en las ciudades provincianas abundan en cantidades inauditas, especialmente en los barrios en que no hay nada que guardar y nada que robar. Empezó a caer una nieve húmeda. De vez en cuando pasaba un ciudadano rezagado o alguna mujeruca bien embozada en su pelliza y con botas altas. Todo ello, por algún motivo, empezo a irritar a Pavel Aleksandrovich, lo que era mala señal, porque cuando las cosas van por buen camino todo nos parece halagüeño y de color de rosa. Pavel Aleksandrovich no pudo menos de recordar que hasta entonces él había sido el que daba siempre el tono en Mordasov; y le agradaba mucho que en todas las casas le señalaran por un buen partido y le dieran la enhorabuena por tal distinción. Hasta se enorgullecía de serlo. Y ahora de repente sería para todos... un jubilado. Quedaría en ridículo. Porque por supuesto no cabría explicar a todo el mundo la verdad del caso, hablar de los bailes de Petersburgo en salones de columnas, o del Guadalquivir. Cavilando, mohíno y quejumbroso, dio por fin con una idea que, imperceptiblemente, le venía hurgando en el corazón algún tiempo: «¿Pero era verdad todo esto? ¿Sucedería exactamente como Marya Aleksandrovna lo había descrito?» Recordó entonces que Marya Aleksandrovna era una señora sumamente astuta y que, a pesar de merecer el respeto de todos, se pasaba el día entero chismorreando y mintiendo; que ahora tenía probablemente razones especiales para alejarle y, por último, que en pintar cuadros bonitos todo el mundo se da maña. Pensaba asimismo en Zina, se acordaba de la mirada de despedida que ella le había lanzado, mirada que estaba muy lejos de expresar un oculto amor apasionado; y además recordaba muy a propósito que una hora antes ella le había llamado mentecato. Ante tal recuerdo Pavel Aleksandrovich se quedó de repente como clavado en el suelo y hasta se le saltaron las lágrimas de vergüenza. Un instante después, y como si fuera adrede, le ocurrió algo desagradable: tropezó y cayó de la acera de madera en un banco de nieve. Mientras se revolcaba en ésta, una jauría de perros que desde hacía rato venía tras él ladrando le acosó por todos lados. Uno de los perros, el más pequeño y agresivo, se colgó de él cogiendo con los dientes el faldón del gabán. Sacudiéndose de encima a los animales, maldiciendo en voz alta y renegando de su suerte, Pavel Aleksandrovich, con el faldón desgarrado y el alma transida de pesadumbre, llegó por fin a una esquina y descubrió que se había extraviado. Sabido es que cuando uno se extravía, especialmente de noche, en un barrio desconocido de la ciudad, no puede caminar en línea recta por la calle. Una fuerza ignota le impele a meterse a cada momento por todas las calles y callejas que encuentra en su camino. Conforme a esta pauta, Pavel Aleksandrovich acabó por extraviarse del todo. «¡Que el demonio se lleve todas estas ideas sublimes!» -murmuró para sus adentros escupiendo de furia. «¡Y que el demonio os lleve a todos, con vuestros sentimientos elevados y vuestros Guadalquivires!» No diré que Mozglyakov estuviera muy atrayente en ese momento. Finalmente, malparado, rendido, tras dos horas de andar sin rumbo fijo, llegó a la puerta de la casa de Marya Aleksandrovna. Quedó asombrado de ver tantos coches. «¿Pero es que tienen invitados? ¿Es que hay una recepción? -pensaba-. ¿Con qué objeto?» Preguntó al criado que salió a su encuentro y se enteró de que Marya Aleksandrovna había estado en la casa de campo y de allí se había traído a Afanasi Matveich, con corbata blanca, y que el príncipe ya estaba despierto, pero que todavía no había bajado a reunirse con los invitados. Pavel Aleksandrovich, sin decir palabra, subió a ver a su tío. En tal momento estaba precisamente en ese estado de ánimo en que un hombre de carácter débil puede cometer la acción más horrible, ruin y rastrera por venganza, sin pensar en que puede arrepentirse de ello toda su vida.

Una vez arriba, vio al príncipe sentado en un sillón, ante su mesa de tocador portátil, con la cabeza enteramente calva, pero ya con la perilla y las patillas en su sitio. La peluca estaba en manos de su ayuda de cámara favorito, Ivan Pahomych, anciano de cabello blanco, quien la peinaba pensativa y respetuosamente. En cuanto al príncipe, tenía todavía un aspecto muy lamentable y no había vuelto en su acuerdo después de las anteriores libaciones. Parecía todo él hundido en el sillón, contraído y aplanado, y miraba, parpadeando, a Mozglyakov como si no le reconociera.

-¿Cómo va de salud, tío? -preguntó Mozglyakov.

-¿Cómo?... ¿Eres tú? -inquirió por fin el tío-. Pues, amigo, he echado un sueñecillo. ¡Ay, santo Dios! ---exclamó resucitando por completo-, ¡pero si estoy... sin peluca!

-No se inquiete, tío. Yo... yo le ayudo si le parece bien.

-¡Ahora tú has descubierto mi secreto! Ya decía yo que había que cerrar la puerta. Bueno, amigo mío, debes darme, sin falta, tu palabra de ho-nor de que me guardarás el secreto y de que no dirás a nadie que tengo el pelo pos-ti-zo.

-Por Dios, tío. ¿Me cree usted capaz de tamaña vileza? -exclamó Mozglyakov con deseo de agradar al viejo... para lo que pudiera ofrecerse más tarde.

-¡Pues sí, pues sí! Como veo que eres un hombre honrado, está bien, te voy a a-som-brar descubriéndote todos mis se-cre-tos. ¿Qué te parece mi bi-go-te, querido?

-¡Magnífico, tío! ¡Sorprendente! ¿Cómo ha podido usted conservarlo tanto tiempo?

-Te equivocas, amigo mío. ¡Es pos-ti-zo! —agregó el príncipe, mirando triunfalmente a Pavel Aleksandrovich.

-¿De veras? Cuesta trabajo creerlo. Bueno, ¿y las patillas? Confiese, tío, que de seguro se las tiñe.

-¿Que me las tiño? No sólo no me las tiño, sino que son enteramente ar-ti-fi-ciales.

-¿Artificiales? No, tío, con perdón, no me lo creo. Se burla usted de mi.

--*Parole d'honneur, mon ami* -exclamó victoriosamente el príncipe-. Y figúrate, todos, ab-so-lu-ta-mente todos se en-ga-ñan como tú. Incluso Stepanida Matveevna no se lo cree, aunque ella misma me las pone de vez en cuando. Estoy seguro, amigo mío, de que me guardarás el secreto. Dame tu palabra de honor...

-Palabra de honor, tío, que lo guardaré. Una vez más le pregunto si me cree usted capaz de semejante bajeza.

-¡Ay, amigo mío! ¡Qué caída he tenido hoy en tu ausencia! Feofil volcó el coche y otra vez salí despedido.

-¿Otra vez? ¿Cuándo?

-Pues, mira, íbamos camino del mo-nas-te-rio...

-Ya lo sé, tío, esta mañana.

-No, no. Hace un par de horas na-da más. Yo iba al monasterio y él me volcó. ¡Qué susto me llevé! Aún no tengo el corazón en su sitio.

-Pero tío, ¡si ha estado usted descansando! -dijo Mozglyakov asombrado.

-Pues sí, descansé ... pero luego salí en el coche... aunque por otra parte .... yo quizá... ¡qué extraño es esto!

-Le aseguro, tío, que eso lo ha soñado. Usted ha estado descansando con toda tranquilidad desde después de comer.

-¿Ah, sí? --el príncipe quedó pensativo-. Sí, bue no, quizá lo haya soñado. Por otra parte, me acuerdo de todo lo que soñé. Primero soñé con un toro terrible, con cuernos. Luego soñé con no sé qué fis-cal que parecía tener cuernos también...

-Habrá sido Nikolai Vasilyevich Antipov, tío.

-Pues sí, puede haber sido él. Después vi a Napoleón Bona-parte. ¿Sabes, amigo? Todos me dicen que me parezco a Napoleón Bona-parte ... ; y de perfil, por lo visto, tengo un parecido sorprendente con un papa antiguo. ¿Crees tú que me parezco a un papa, amigo mío?

-Creo que se parece usted más a Napoleón Bonaparte.

-Pues sí, de frente. Yo, por lo demás, soy de la misma opinión. Soñé con él cuando ya estaba en la isla, y ¿sabes? es un hombre jovial, parlanchín y listo. Lo pasé estupendamente bien con él.

-¿Habla usted de Napoleón, tío? -le preguntó Pavel Aleksandrovich mirándole con aire pensativo. En su mente empezaba a rebullir una extraña idea de la que él mismo no se daba todavía plena cuenta.

-Pues sí, de Napoleón. Estuvimos hablando de filosofía. Y ¿sabes? amigo mío, me da lástima de que se hayan portado tan severamente con él... los in-gle-ses. Claro que si no lo tuvieran encadenado se abalanzaría otra vez sobre la gente. Era un hombre rabioso. Pero aun así me da lástima. Yo no le hubiera tratado de ese modo. Lo hubiera mandado a una isla de-sier-ta...

-¿Por qué desierta? -preguntó Mozglyakov distraídamente.

-Bueno, aunque estuviera habitada; sólo que por gente sensata. Y le procuraría varias di-ver-sio-nes: teatro, música, ballet, todo ello a costa del Estado. Le permitiría pasear, por supuesto vigilado, porque si no se nos escabulliría en seguida. Había unos pasteles que le gustaban mucho. Yo se los haría preparar todos los días. Lo tendría prisionero pa-ter-nal-mente, por así decirlo. Se arrepentiría conmigo incluso...

Mozglyakov se mordía las uñas de impaciencia y escuchaba distraído la cháchara del viejo, que aún estaba medio dormido. Quería llevar la conversación al tema del casamiento -no sabía -todavía por qué. Una furia sin límites le roía el pecho. De repente el viejo dejó escapar una exclamación de asombro.

-¡Ay, amigo! Se me olvidaba decírtelo. Figúrate que hoy he hecho una oferta de ma-tri-mo-nio.

-¿Una oferta, tío? -gritó Mozglyakov despabilándose.

-Pues sí, una o-fer-ta. Pahomych, ¿te vas ya? Bueno, bien. *C'est une charmante personne...* Pero te confieso, amigo mío, que lo he hecho sin pensar. Sólo ahora me doy cuenta. ¡Ay, Dios mío!

-Pero, perdone, tío, ¿cuándo hizo usted la oferta?

-Te confieso, amigo, que no sé a punto fijo cuándo. ¿No lo habré soñado también? ¡Qué extraño es todo esto!

Mozglyakov sintió un escalofrío de placer. . En su mente brilló una nueva idea.

-¿A quién y cuándo hizo usted la oferta, tío?. -repitió impacientemente.

-A la hija de la señora de la casa, *mon ami... cette belle personne...* por cierto que he olvidado cómo se llama. Pero ocurre, amigo mío, que yo no puedo ca-sarme de ninguna manera. ¿Qué voy a hacer ahora?

-Por supuesto que el casamiento sería un desastre para usted. Permítame que le haga.otra pregunta, tío, ¿Está usted de veras seguro de que ha hecho esa oferta?

-Pues sí... estoy seguro.

-¿Y si todo eso lo hubiera soñado, como soñó lo del segundo vuelco del coche?

-¡Dios mío! Efectivamente, quizá lo haya soñado también. Lo que pasa en que ahora no sé cómo pre-sentar-me ahí abajo. ¿Cómo podria averiguar de alguna manera indirecta si de veras hice o no hice la -oferta? Imagínate en qué situación me encuentro.

-¿Sabe, tío? Pienso que no hay por qué averiguarlo.

-¿Cómo?

-Porque creo de veras que lo ha soñado.

-Lo mismo pienso yo, querido, tanto más cuanto que tengo a menudo sueños como ése.

-Mire, tío. Recuerde que bebió un poco durante el almuerzo, luego en la comida y, por último...

-Pues sí, amigo mío. Quizá se deba precisamente a eso.

-Cuanto más, tío, que por muy excitado que estuviera usted, nunca habría hecho despierto una oferta tan imprudente. Por lo que a mí se me alcanza, tío, es usted un hombre en extremo sensato y...

-Pues sí, sí.

-Basta que se imagine lo que pasaría si se enteraran sus parientes que, en todo caso, le tienen a usted entre ojos.

-¡Dios mío! -exclamó aterrado el príncipe-. ¿Qué pasaría entonces?

-Perdone, pero todos gritarían en coro que lo había hecho usted cuando no estaba en su juicio, que está usted loco, que habría que ponerle bajo tutela y quizá recluirle en algún sitio donde le vigilaran.

Mozglyakov sabía cómo asustar al viejo.

-¡Dios mío! -gritó el príncipe, temblando como una hoja-. ¿De veras que me recluirían?

-Así, pues, reflexione, tío: ¿Podría usted hacer despierto una oferta tan imprudente? Usted mismo comprende lo que conviene a sus intereses. Le aseguro solemnemente que todo eso lo ha soñado.

-In-du-dable-men-te, indudablemente lo he soñado -repitió -el asustado príncipe-. ¡Ay, querido! ¡Con cuánto tino has aclarado esto! Te agradezco en el alma que me hayas hecho ver las cosas como son.

-Y yo, tío, estoy sumamente contento de haber tropezado hoy con usted. Figúrese que, si no fuera por mí, podría usted equivocarse, pensar que es novio formal y, salir de, aquí casado. Figúrese lo horrible que sería eso.

-¡Sí, sí... horrible!

-Recuerde, además, que esa muchacha tiene veintitrés años, que nadie quiere casarse con ella y que, de pronto, usted, rico, noble, se presenta como novio. Ellos, al momento, se aferrarán a esa idea, le asegurarán que es usted en efecto el novio y le casarán a usted quizás a la fuerza. Y contarán con la posibilidad de que se muera usted pronto.

-¿De veras?

-Y, por último, tenga presente, tío, que un hombre de sus méritos...

-Pues sí, de mis méritos...

-De su inteligencia, de su amabilidad...

-Pues sí, de mi inteligencia, sí...

-Y, para colmo, es usted príncipe. ¿Es ése el partido que podría encontrar si de veras, por el motivo que fuese, necesitara usted casarse? Piense en lo que dirían sus parientes.

-¡Ay, amigo mío! Sencillamente me devorarían vivo. ¡Me han tratado ya con tanta insidia y malevolencia! Imagínate, sospecho que querían meterme en un ma-ni-co-mio. Amigo mío, dime por favor si eso no es absurdo. ¿Qué hubiera hecho yo allí, en el ma-ni-co-mio?

-Pues claro que es absurdo, tío. Por eso ahora no voy a apartarme de su lado cuando baje usted. Hay ahora visita.

-¿Visita? ¡Ay, Dios mío!

-No se preocupe, tío, que yo estaré con usted.

-¡Cuánto te lo agradezco, querido! ¡Eres sencillamente mi salvador! Pero, ¿sabes? lo mejor es que me vaya de aquí.

-Mañana, tío. Mañana a las siete de la mañana. Hoy se despide usted de todos y anuncia que se marcha.

-Voy a ir sin falta a ver al padre Misailo... Pero, amigo mío, ¿y si quieren casarme?

-No tema, tío. Yo estaré con usted y, por último, a pesar de lo que digan, a pesar de lo que insinúen, usted afirma sin titubeos que todo eso lo ha soñado..., como efectivamente ha ocurrido...

-Pues sí, diré lla-na-mente que ha sido un sueño. Ahora que, amigo, ha sido un sueño de lo más encantador. Ella es una verdadera belleza y ¿sabes? con unas formas...

-Bueno, adiós, tío. Yo bajo y usted...

-¿Cómo? ¿Me vas a dejar solo? - gritó el príncipe atemorizado.

-No, tío. Es que bajaremos por separado. Yo primero y usted después. Así será mejor.

-Pues sí. A propósito, necesito apuntar un pensamiento.

-Eso, tío. Apunte su pensamiento y después baje. No se detenga. Mañana, pues, por la mañana...

-¡Y mañana por la mañana a ver al padre Misailo, a verle sin falta! ¡*Charmant, charmant!* ¿sabes, amigo mío? Una ver-da-de-ra belleza... ¡qué formas!... Si me fuera absolutamente necesario casarme, entonces...

-¡Dios no lo permita, tío!

-Pues sí, ¡Dios no lo permita! Bien, adiós, querido, al momento... voy a hacer ese apunte. *A propos,* hace tiempo que quiero preguntarte si has leído las memorias de Casanova.

-Las he leído, tío. ¿Por qué?

-Pues... Mira, se me ha olvidado lo que quería decir...

-Luego se acordará, tío. Hasta la vista...

-Hasta la vista, amigo mío, hasta la vista. De todos modos, ha sido un sueño encantador, en-can-ta-dor...

XII

¡Todas venimos de visita! ¡Todas! Praskovya Ilyinichna vendrá también y Luiza Karlovna quería venir -gorjeó Anna Nikolaevna entrando en el salón y mirando ansiosamente en torno suyo. Era una señora pequeña, bastante bonita, ataviada rica aunque abigarradamente, y, además, muy consciente de su buen parecer. Se le antojaba que en algún rincón estaba escondido el príncipe con Zina.

-También vendrá Katerina Petrovna y también quería venir Felisata Mihailoyna -agregó Natalya Dmitrievna, una dama de tamaño colosal cuyas formas agradaban mucho al príncipe y que se parecía extraordinariamente a un granadero. Llevaba un diminuto sombrero color de rosa caído sobre la nuca. Desde hacía tres semanas era la amiga más íntima de Anna Nikolaevna, a quien venía haciendo la rueda hacía tiempo y a quien hubiera podido tragarse de un bocado, huesos y todo.

-No tengo que decirles el delite, así como suena, que siento de ver a ustedes dos en mi casa y a esta hora -entonó Marya Aleksandrovna reponiéndose de su asombro inicial-. Pero por favor, ¿a qué milagro debo esta visita cuando ya desesperaba por completo de tener tal honor?

-¡Por Dios, Marya Aleksandrovna! ¡Qué memoria tiene usted! -dijo con tono meloso Natalya Dmitrievna, hablando remilgadamente, con voz tímida y chillona que contrastaba extrañamente con su aspecto.

-*Mais, ma charmante* -dijo con voz cantarina Anna Nikolaevna-, es preciso, absolutamente preciso, terminar los preparativos de ese teatro. Hoy, sin ir más lejos, Pyotr Mihalovich ha dicho a Kallist Stanislavich que le fastidia mucho que la cosa no marche bien y que no hacemos más que pelearnos. De modo que hoy nos hemos reunido las cuatro y hemos pensado: vamos a casa de Marya Aleksandrovna y lo decidimos todo de una vez. Natalya Dmitrievna mandó recado a las otras. Todas vendrán. Así nos pondremos de acuerdo y todo irá bien. ¡Ya no dirán que no hacemos más que pelearnos, *mon ange!* añadió juguetonamente besando a Marya Aleksandrovna-. ¡Dios mío, Zinaida Afanasyevna! ¡Está usted cada día más guapa! -Anna Nikolaevna se lanzó a besar a Zina.

-¡Pero si no tiene más remedio que embellecer! -agregó azucaradamente Natalya Dmitrievna frotándose las manos enormes.

-«¡Que el diablo se las lleve! ¡No pensé en lo del teatro! ¡Alguna cosa venís tramando, urracas!» masculló entre dientes Marya Aleksandrovna, a quien la rabia tenía fuera de sí.

-Y para que no faltara detalle, *mon ange* -añadió Anna Nikolaevna- tiene usted ahora en su casa a ese adorable príncipe. Ya sabe usted que en Duhanovo, en tiempos de los dueños anteriores, había un teatro. Hemos hecho indagaciones y hemos sabido que en algún sitio de allí están almacenados todos los decorados antiguos, el telón y hasta el vestuario. El príncipe ha estado hoy en mi casa, pero su visita me sorprendió tanto que olvidé por completo preguntarle. Ahora sacaremos a relucir el tema del teatro, usted nos ayuda y el príncipe hará que se nos envíen todos esos trastos. Porque ¿a quién se puede pedir aquí que haga un decorado o cosa por el estilo? Además, queremos también interesar al príncipe en nuestro teatro. Debe suscribirse, porque al fin y al cabo es a beneficio de los pobres. Quizás incluso acepte un papel. ¡Es tan simpático y servicial! Entonces irá todo a pedir de boca.

-Claro que aceptará un papel. Es hombre a quien se le puede hacer desempeñar cualquier papel -añadió con intención Natalya Dmitrievna.

Anna Níkolaevna no había engañado a Marya Aleksandrovna. A cada minuto llegaban otras señoras. Marya Alekasndrovna apenas tenía tiempo para recibirlas con los aspavientos que en tales casos exigen el decoro y la conductor *comme il faut*.

No intentaré describir a todas las visitantes y sí sólo señalar que todas tenían cierto aire de malicia. En el rostro de cada una se retrataba la expectación y algo así como una impaciencia desbocada. Algunas habían venido con la inequívoca intención de presenciar un insólito escándalo y se enfurecerían si tuvieran que irse sin haberlo visto. En apariencia todas se comportaban con la mayor amabilidad, pero Marya Aleksandrovna se preparaba resueltamente para el ataque. Menudearon las preguntas sobre el príncipe, al parecer muy naturales, pero en cada una despuntaba una alusión o una segunda intención. Apareció el té y las damas se desparramaron por el salón. Un grupo se apoderó del piano. A la invitación que se le hizo de tocar y cantar algo, Zina contestó que no se sentía bien y la palidez de su rostro lo mostraba. Se le hicieron preguntas interesándose por su salud, y con ellas hubo ocasión de curiosear y lanzar indirectas. Se preguntó asimismo acerca de Mozglyakov, preguntas dirigidas también a Zina. Marya Aleksandrovna se multiplicaba por diez: veía todo cuanto sucedía en cada rincón de la sala, escuchaba cuanto decía cada una de las visitantes, aunque casi llegaban a una docena, y contestaba sin falta a todas las preguntas, sin tener por supuesto que rebuscar las palabras. Temblaba por Zina y se maravillaba de que ésta no abandonara la sala como siempre lo había hecho hasta ahora en reuniones de ese género. Tampoco le quitaba el ojo de encima a Afanasi Matveich. Todas le tomaban el pelo para zaherir a Marya Aleksandrovna por medio de su marido. Además, en esta ocasión era posible sonsacarle algo al bobo y cándido de Afanasi Matveich. Marya Aleksandrovna veía con inquietud el estado de sitio en que se hallaba su cónyuge. Por añadidura, a todas las preguntas éste respondía «humm ... », con una cara tan afligida y tan poco natural que bastaba para hacer rabiar a su mujer. -Marya Aleksandroyna, Afanasi Matveich se niega de plano a hablar con nosotras -exclamó una damita atrevida y de ojos muy vivos, que no temía absolutamente A nadie ni se azoraba ante nada-. Mándele que se porte mejor con las señoras.

-A decir verdad, ni yo misma sé lo que le pasa --contestó Marya Aleksandrovna, interrumpiendo su conversación con Anna Nikolaevna y con Natalya Dmitrievna y sonriendo alegremente-. De veras que está taciturno. Ni siquiera a mí me ha dicho palabra. ¿Por qué no respondes a Felisata Mikhailovna, *Athanase?* ¿Qué le preguntaba usted?

-Pero... pero... madrecita, si tú misma... -empezó a mascullar Afanasi Matveich sorprendido y aturdido-. En ese momento estaba de pie junto a la chimenea encendida, con los dedos de una mano entre los botones del chaleco, en una postura pintoresca muy de su gusto. De cuando en cuando tomaba un sorbo de té. Las preguntas de las señoras le desconcertaban hasta el extremo de que llegó a ruborizarse como una mocita. Cuando empezó a justificarse tropezó con una mirada tan terrible de su enfurecida esposa que estuvo a punto de desmayarse. No sabiendo qué hacer y deseando enmendarse y merecer de nuevo respeto, tomó un sorbo de té, pero el té estaba demasiado caliente. Como no había calculado la cantidad, se quemó terriblemente la boca, dejó caer la taza, se atragantó y comenzó a toser de tal modo que al momento se vio precisado a abandonar la sala, ante el asombro de todos los circunstantes. En una palabra, todo quedó claro. Marya Aleksandrovna comprendió que sus visitantes lo sabían ya todo y se habían juntado con las peores intenciones. La situación era peligrosa. Podían sacar de quicio al pobre imbécil del príncipe en la misma presencia de ella; podían hasta arrebatárselo, hacerle reñir con ella esa misma tarde, atraérselo con halagos. Cabía esperar cualquier cosa. El destino, sin embargo, le preparaba todavía otra difícil prueba. La puerta se abrió y apareció Mozglyakov, a quien ella creía en Boroduevo y a quien por supuesto no esperaba ver en su casa esa tarde. Sintió un escalofrío como si hubiera recibido un pinchazo.

Mozglyakov se detuvo en la puerta y abarcó con su mirada a todos, no sin cierto encogimiento. No lograba dominar la agitación que claramente se expresaba en su rostro.

-¡Dios mío! ¡Pavel Aleksandrovich! --exclamaron varias voces.

-¡Dios mío! ¡Pero si es Pavel Aleksandrovich! ¿Y usted, Marya Aleksandrovna, decía que había ido a casa de los Boroduev? Nos habían dicho que se había escondido usted en Boroduevo, Pavel Aleksandrovich -chilló Natalya Dmitrievna.

-¿Escondido? -respondió Mozglyakov con sonrisa algo torcida-. ¡Extraña expresión! Perdone, Natalya Dmitrievna, yo no me escondo de nadie ni quiero esconder a nadie -añadió mirando significativamente a Marya Aleksandrovna.

Ésta se puso trémula.

-«¿Cómo? ¡También este mentecato se va a rebelar? -pensó, mirando inquisitivamente a Mozglyakov-. ¡Eso sería el colmo!»

-¿Es verdad, Pavel Aleksandrovich, que renuncia usted a su puesto... en la administración, quiero decir? -saltó la audaz Felisata Mihailovna, mirándole burlonamente en los ojos.

-¿Que renuncio? ¿Cómo que renuncio? Sólo cambio de puesto. Me ha salido uno en Petersburgo -respondió secamente Mozglyakov.

-¡Ah, entonces le felicito -prosiguió Felisata Mihailovna-. Nos asustamos cuando oímos decir que buscaba usted un puesto aquí en Mordasov. Los puestos aquí no son muy de -confiar, Pavel Aleksandrovich. Vo laría usted de aquí en seguida.

-Aquí sólo será posible encontrar vacante en la enseñanza, en la escuela del distrito-subrayó Natalya Dmitrievna. La alusión era tan clara y grosera que Anna Nikolaevna, avergonzada, tocó ligeramente con el pie a su maliciosa amiga.

-¿Pero creen ustedes que Pavel Aleksandrovich consentiría en reemplazar a un maestro de escuela cualquiera? -irrumpió Felisata Mihailovna. -

Pero Pavel Aleksandrovich no supo qué contestar. Giró sobre los talones y tropezó con Afanasi Matveich que le alargaba la mano. Mozglyakov, estúpidamente, no se la tomó y le hizo una profunda y burlona reverencia. Presa de gran irritación fue derecho a Zina y, mirándola iracundo en los ojos le dijo por lo bajo:

-Todo esto es por culpa suya. Espere y le demostraré esta noche si soy un mentecato.

-¿Por qué aplazarlo? Ya se ve que lo es usted -contestó Zina sordamente, midiendo desdeñosamente con los ojos a -su antiguo pretendiente.

Mozglyakov se desvió al momento, asustado por la ronca voz de la joven.

-¿Viene usted de ver a Boroduev? -decidió por fin preguntar Marya Aleksandrovna.

-No, señora; vengo de estar con mi tío.

-¿De estar con su tío? ¿Es decir, que acaba usted de estar con el príncipe?-

-¡Dios mío! Eso quiere decir que el príncipe está ya despierto. ¡Y nos habían dicho que estaba todavía descansando! --comentó Natalya Dmitrievna mirando malignamente a Marya Aleksandrovna.

-No se inquiete usted por el príncipe, Natalya Dmitrievna -respondió Mozglyakov-. Se ha despertado y, gracias a Dios, ha vuelto ya a su acuerdo. Hoy le han dado de beber demasiado, primero en casa de usted, luego aquí, al punto de que se le fue por completo la cabeza que ya de por sí no es muy firme. Pero ahora, gracias a Dios, hemos estado hablando y ya ha empezado a ver las cosas con claridad. Bajará en seguida a saludar a usted, Marya Aleksandrovna, y a agradecerle su hospitalidad. Mañana al amanecer nos vamos al monasterio y luego yo mismo le conduciré directamente a Duhanovo, para que no se repitan las caídas del género, por ejemplo, de la que ha tenido hoy. Y allí se lo entregaré a Stepanida Matveevna, que ya para entonces estará de vuelta de Moscú y que por nada del mundo le dejará salir de viaje otra vez. De eso respondo yo.

Diciendo esto, Mozglyakov miraba con inquina a Marya Aleksandrovna. Ésta estaba sentada y se diría que había enmudecido de consternación. Confieso con pesar que, quizá por vez primera en su vida, mi heroína estaba acobardada.

-¿De manera que se van en cuanto amanezca? ¿Cómo es eso? - interrogó Natalya Dmitrievna dirigiéndose a Marya Aleksandrovna.

-¿Cómo es eso? - , repitieron inocentemente otras voces-. Pero si hemos oído decir que ...., de veras que es extraño.

Ahora bien, la señora de la casa ya no sabía qué responder. De pronto la atención general se vio desviada del modo más insólito y excéntrico. En la habitación vecina se oyó un rumor extraño seguido de agudas exclamaciones y, de repente, como caída del cielo, irrumpió Sofya Petrovna Karpuhina en el salón de Marya Aleksandrovna. Sofya Petrovna era sin duda alguna la dama más excéntrica de Mordasov, tan excéntrica que desde hacía no mucho tiempo se había acordado no recibirla en sociedad. Queda todavía por señalar que todas las tardes sin falta, a las siete en punto, esta señora echaba un traguito -«por mor del estómago» como ella decía- y que después de ello se hallaba en un estado de ánimo muy emancipado, para no llamarlo de una manera más vigorosa. Cabalmente se hallaba en ese estado ahora, cuando irrumpió tan inesperadamente en el salón de Marya Aleksandrovna.

-¡Con que es así, Marya Aleksandrovna -y su grito repercutió en toda la habitación- con que es así como se porta usted conmigo! No se moleste, que me quedo sólo un momento. En casa de usted no me siento. Vengo de propósito para saber si es verdad lo que me han dicho. ¡Ah, de modo que en casa de usted hay bailes, banquetes, esponsales, mientras que Sofya Petrovna se queda en la suya, haciendo media! ¡Han convocado a todo el mundo menos a mí! Y, sin embargo, hoy mismo me llamaba usted amiga y *mon ange* cuando vine a decirle lo que estaban haciendo con el príncipe en casa de Natalya Dmitrievna. Y ahora también está aquí invitada Natalya Dmitrievna, a quien esta mañana la ponía usted verde y quien, por su parte, la cubría a usted de insultos. ¡No se moleste, Natalya Dmitrievna! No me hace falta su chocolate *à la santé* perra gorda la onza. ¡Más espeso que el suyo lo tomo yo en mi casa! ¡Uf!

-Ya se ve, señora -comentó Natalya Dmitrievna.

-Pero, por favor, Sofya Petrovna --exclamó Marya Aleksandrovna enrojeciendo –de irritación-. ¿Qué le pasa? Trate de calmarse.

-No se inquiete por mí, Marya Aleksandrovna. Lo sé todo, todito. ¡Me he enterado de todo! --exclamó Sofya Petrovna con su voz penetrante y chillona en medio de todas las visitantes, que evidentemente estaban disfrutando de esta escena inesperada-. ¡Me he enterado de todo! Su Nastasya vino corriendo a verme y me lo contó todo. Ha atrapado usted a ese principillo, le ha emborrachado y le ha hecho pedir la mano de la hija de usted, con la que nadie quiere casarse. ¡Y piensa usted ahora remontarse a las alturas, duquesa emperifollada! ¡Uf! No se preocupe, que yo soy coronela. Me importa un comino que no me invite usted a los esponsales. Con mejores gentes que usted me codeo. He comido en casa de la condesa Zalihvatskaya. Kurochkin, comisario en jefe, me hizo la corte. ¡Mucha falta que me hace la invitación de usted! ¡Uf!

-Mire, Sofya Petrovna -respondió Marya Aleksandrovna perdiendo los estribos-, le hago saber que no se entra en una casa honrada de esta manera y, además, *en ese estado*. Y si al momento no me libra usted de su presencia y elocuencia, voy a tomar las medidas necesarias.

-Ya sé, señora, que mandará a sus criados que me echen de aquí. No se moleste, que yo misma hallaré la salida. ¡Adiós! Haga usted el casorio que quiera. Y usted, Natalya Dmitrievna, haga el favor de no reírse de mí. No me importa un pito su chocolate. Aunque no me han invitado aquí, yo no me pongo a bailar la *Kazachka* delante de ningun príncipe. Y usted, Anna Nikolaevna, ¿por qué se ríe? ¡Sushílov se ha quebrado la pierna y acaban de llevárselo a casa! ¡Uf Y si usted, Felisata Mihailovna, no manda a su Matryoshka, ésa que anda descalza, que lleva su vaca a otro sitio para que no muja bajo mis ventanas todos los días, le digo que a esa Matryoshka le quiebro yo una pierna. ¡Adiós, Marya Aleksandrovna! ¡Que lo pase bien! ¡Uf!-. Sofya Petrovna desapareció. Las visitantes rieron. Marya Aleksandrovna estaba sumamente consternada.

-Me parece que estaba bebida -dijo Natalya Dmitríevna con su voz empalagosa.

-¡Pero qué vulgaridad!

-*¡Quelle abominable femme!*

-¡Es un hazmerreír!

-¡Qué despropósitos ha dicho!

-¿Y qué es eso de los esponsales de que ha hablado? ¿Qué esponsales? -interrogó burlonamente Felisata Mihailovna.

-¡Es horrible! -exclamó por fin Marya Aleksandrovna-. Son monstruos como éste los que van sembrando a manos llenas esos estúpidos rumores. Lo sorprendente, Felisata Mihailovna, no es encontrar a señoras así en nuestro medio social, no; lo chocante es que se las considera necesarias, que se las escucha, que se las apoya, que se les da crédito, que...

-¡El príncipe! ¡El príncipe! -exclamaron de pronto todos los presentes.

-¡Dios mío! *¡Ce cher prince!*

-Bueno, a Dios gracias, ahora nos enteraremos de todos los detalles -murmuró Felísata Mihailovna a su vecina.

XIII

El príncipe entró con una sonrisa de contento. Toda la zozobra que en su corazón de gallina había inyectado Mozglyakov un cuarto de hora antes desapareció cuando se vio ante las damas. Se disolvió al instante como un caramelo. Las damas salieron a su encuentro con un estridente grito de alegría. En general, habían mimado siempre a nuestro vejete y le trataban con insólita familiaridad. Sabía divertirlas como nadie. Felisata Mihailovna llegó hasta afirmar esa misma mañana (en broma, por supuesto), que estaba dispuesta a tenerle sentado en sus rodillas si ello agradaba al anciano, «porque es un viejo de lo más simpático, simpático hasta más no poder». Marya Aleksandrovna tenía fijos en él los ojos, afanosa de leer algo en su rostro y de adivinar cómo saldría ella de su difícil situación. Estaba claro que Mozglyakov le había dicho cosas afrentosas de ella y que el proyecto estaba en peligro. Pero no cabía leer nada en el rostro del príncipe. Estaba lo mismo que antes y que siempre.

-¡Dios mío! ¡He aquí al príncipe! ¡Y nosotras aquí espera que te espera! -exclamaron algunas señoras.

-¡Con impaciencia, príncipe, con impaciencia! -chillaron otras.

-Eso me halaga ex-tra-or-di-na-riamente -ceceó el príncipe, sentándose junto a la mesa en que hervía el samovar. Al momento le rodearon las señoras. Junto a Marya Aleksandrovna se quedaron sólo Anna Nikolaevna y Natalya Dmitrievna. Afanasi Matveich sonreía respetuosamente. Mozglyakov sonreía también, y miraba con aire de reto a Zina, quien, sin prestarle la menor atención, fue a sentarse junto a su padre cerca de la chimenea.

-Príncipe, ¿es verdad lo que dicen de que se marcha usted? -bisbiseó Felisata Mihailovna.

Pues sí, *mes dames,* me marcho. Quiero irme in-me dia-ta-mente al ex-tran-je-ro.

-¿Al extranjero, príncipe, al extranjero? -pregun taron todas en coro-. Pero ¿como se le ha ocurrido eso?

-Al ex-tran-je-ro -afirmó el príncipe pavoneándose-. Y sepan que quiero ir allá sobre todo en busca de nuevas ideas.

-¿Cómo que de nuevas ideas? ¿Sobre qué? -preguntaron las señoras mirándose unas a otras.

-Pues sí, de nuevas ideas -repitió el príncipe, con cara de profundísima convicción-. Ahora todo el mundo va en busca de nuevas ideas. Yo también quiero conocer las nue-vas i-de-as.

-¿Y no quiere usted ingresar en una logia masónica, querido tío? -inquirió Mozglyakov, deseando por lo visto farolear ante las damas con su agudeza y desenvoltura.

-Pues sí, amigo mío, no te equivocas -respondió el tío inesperadamente-. En efecto, en tiempos pasados pertenecí a una logia masónica en el extranjero y también tuve una porción de ideas generosas. Entonces me propuse incluso trabajar de firme a favor del progreso con-tem-po-ráneo y estuve a punto, en Francfort, de dar la libertad a mi siervo Sidor, a quien llevé conmigo al extranjero. Pero, con gran sorpresa mía, él mismo se escapó. Era hombre so-bre-ma-nera extraño. Más tarde tropecé con él en París, hecho un currutaco, con patillas, y acompañando a una *mademoiselle* por el bulevar. Me miró e hizo una inclinación con la cabeza. Y la *mademoiselle* que iba con él era tan alegre, tan apetitosa, tan viva de ojos...

-Bueno, tío. Después de esto, y si va usted otra vez al extranjero, dará usted libertad a todos sus siervos -exclamo Mozglyakov soltando una carcajada.

-Amigo mío, has a-di-vi-nado punto por punto mis deseos -respondió el príncipe sin alterarse-. Quiero precisamente ponerlos a todos en li-ber-tad.

-Pero, dispense, príncipe; en ese caso todos se escaparán. ¿Y quién le pagará a usted renta entonces? -interrogó Felísata Mihailovna.

-Por supuesto que se escaparán -replicó preocupada Anna Nikolaevna.

-¡Dios mío! ¿De veras que se escaparán? -preguntó el príncipe atónito.

-Se escaparán, sí, señor, se escaparán todos y le dejarán solo -afirmó Natalya Dmitrievna.

-¡Dios mío! Entonces no les pongo en li-ber-tad. Pero, claro, no lo decía en serio.

-Mejor es así tío -corroboró Mozglyakov.

Hasta entonces Marya Aleksandrovna había estado escuchando y observando en silencio. Le parecía que el príncipe se había olvidado por completo de ella y que esto no era natural.

-Permita, príncipe -comenzó diciendo en voz alta y con dignidad- que le presente a mi marido, Afanasi Matveich. Ha venido expresamente de nuestra casa de campo tan pronto como se ha enterado de que se hospedaba usted aquí.

Afanasá Matveich sonrió y tomó un aire de mucha dignidad. Le parecía ser objeto de una alabanza.

-¡Ah, mucho gusto, Afanasi Matveich! -dijo el príncipe-. ¡Un momento, por favor, que me parece recor-dar algo! A-fa-na-sí Mat-veich. Pues sí, usted es el que está en la casa de campo. *Charmant, charmant,* mucho gusto. ¡Amigo mío! -exclamó el príncipe vol- viéndose a Mozglyakov-. ¡Pero si es el mismo de las coplas de esta mañana! ¿Te acuerdas? A ver cómo era aquello: «El marido en la aldea y la mujer .... pues sí, no sé en qué pueblo, y la mujer se marchó también...»

-Sí, así es, príncipe: el marido en la aldea y la mujer... donde sea. Ese es el vodevil que representó aquí una compañía teatral el año pasado -interpuso Felisata Mihailovna.

-Pues sí, donde sea. Se me olvida todo. *Charmant, charmant!* ¿Con que es usted esa misma persona? Tengo mu-chí-si-mo gusto en conocerle -agregó el príncipe sin levantarse del sillón y alargando la mano a Afanasi Matveich-. Bueno, ¿y cómo va de salud?

-¡Humm ... !

-Va bien, principe, va bien -se apresuró a responder Marya Aleksandrovna.

-Pues sí, se ve que va bien. ¿Y sigue usted en el campo? Bueno, mucho gusto. ¡Pero qué me-ji-llas tan coloradas que tiene y cómo se ríe...!

Afanasi Matveich sonreía, se inclinaba y hasta hacía reverencias. Pero oyendo las últimas palabras del príncipe no pudo contenerse y, sin motivo aparente, rompió a reír del modo más estúpido. Todos soltaron la carcajada. Las señoras daban chillidos de contento. Zina se ruborizó y miró con los ojos llameantes a Marya Aleksandrovna, quien por su parte reventaba de furia. Había llegado el momento de cambiar de conversación.

-¿Cómo ha descansado, príncipe? -preguntó con voz melosa, al par que daba a entender a Afanasi Matveich con una mirada amenazadora que se retirara inmediatamente a su sitio.

-He dormido muy bien -respondió el príncipe-. ¿sabe? he tenido un sueño en-can-ta-dor, en-can-ta-dor.

¡Un sueño! Me despepito por oír hablar de sueños -exclamó Felisata Mihailovna.

-¡Yo también! -agregó Natalya Dmitrievna.

-Un sueño en-can-ta-dor -repitió el príncipe con una dulce sonrisa-. Sin embargo, ese sueño es un profundo secreto.

-¿Cómo, príncipe? ¡No nos lo va a contar? Entonces será un sueño maravilloso -apuntó Anna Nikolaevna.

-Un pro-fun-do secreto -subrayó el príncipe, aguzando con deleite la curiosidad de las damas.

-Entonces será algo verdaderamente excepcional -gritaron éstas.

-Apuesto a que en sueños el príncipe se hincó de rodillas ante alguna mujer hermosa y le declaró su amor -prorrumpió Felisata Mihailoyna-. ¡Vamos, príncipe, confiese que es verdad! ¡Confiéselo, querido príncipe!

-¡Confiese, príncipe, confiese! -se oyó por todos lados.

El príncipe escuchaba, triunfante y extático, estas exclamaciones. El apremio de las damas halagaba tanto su amor propio que casi se chupaba los dedos.

-Si bien he dicho que mi sueño es un secreto profundo- dijo por fin-, debo confesar, señora, que, con gran asombro mío, usted casi lo ha adi-vi-na-do.

-¿Que lo he adivinado? -prorrumpió entusiasmada Felisata Mihailovna-. Pues bien, príncipe, ahora tendrá usted que revelarnos quién es esa bella mujer.

-¡Tiene que revelarlo!

-¿Es de aquí?

-¡Dígalo, querido príncipe!

-¡Príncipe, cariño, dígalo! ¡Por su vida, dígalo! -exclamaron de todos lados.

-*¡Mes dames, mes dames!*... Si in-sis-ten ustedes tanto en saberlo, sólo puedo revelarles que es la muchacha más en-can-ta-do-ra y, cabe decir, más pura de cuantas conozco --masculló el príncipe enteramente derretido.

-¡La más en-can-ta-do-ra! y... ¡es de aquí! ¿Quién será? -preguntaban las señoras cambiando miradas y guiños.

-Por supuesto la que es considerada como la más hermosa de aquí -dijo Natalya Dmitrievna frotándose las enormes manos rojas y clavando sus ojos felinos en Zina. Todas las demás miraron también a Zina.

-En tal caso, príncipe, si tiene usted sueños como ése, ¿por qué no se casa en la realidad? -preguntó Felisata Mihailovna lanzando en torno suyo una mirada significativa.

-¡Y qué estupendamente le casaríamos a usted! -subrayó otra dama.

-¡Cásese, querido príncipe, cásese! --chilló una tercera.

-¡Cásese, cásese! -exclamaron por toda la sala-. ¿Por qué no casarse?

-Pues sí... ¿por qué no casarse? -asintió el príncipe, aturdido por todos esos gritos.

-¡Tío! --exclamó Mozglyakov.

-Pues sí, amigo mío, ya te en-tien-do. *Mes dames,* precisamente quería decirles a ustedes que ya no estoy en condiciones de casarme y que, después de haber pasado una velada encan-tadora en casa de nuestra bella anfitriona, visitaré mañana al padre Misailo en su monasterio y luego saldré directamente para el extranjero con el fin de seguir más de cerca el progreso europeo.

Zina empalideció y miró a su madre con indecible angustia. Pero Marya Aleksandrovna había tomado ya una decisión. Hasta ese momento había estado a la expectativa, tanteando el terreno, si bien comprendía que el proyecto estaba desbaratado y que sus enemigos le habían tomado la delantera. Por fin se dio cuenta de todo y decidió aplastar la hidra de cien cabezas de un solo golpe. Majestuosamente se levantó de su asiento y se acercó a la-mesa con paso firme, midiendo a los pigmeos que eran sus enemigos con una mirada orgullosa. En ella brillaba el fuego de la inspiración. Había decidido sorprender y desconcertar a todas estas chismorreras ponzonosas, aplastar al canalla de Mozglyakov como si fuera una cucaracha, y con un golpe atrevido y decisivo recuperar toda la influencia que había perdido sobre el idiota del príncipe. Ni que decir tiene que para ello era menester insólita audacia; pero en audacia nadie podía ganarle a Marya Aleksandrovna.

-*Mes dames* -empezó digna y solemnemente (a Marya Aleksandrovna, en general, le gustaba muchísimo la solemnidad)- *mes dames,* llevo largo rato escuchando su conversación y sus bromas festivas y agudas y creo que ha llegado la hora de que yo también diga mis cuatro palabras. Saben ustedes que nos hemos reunido aquí por pura casualidad (lo que me complace mucho, muchísimo)... Nunca habría sido yo la primera en tomar la decisión de revelar un importante secreto familiar y de divulgarlo antes de lo que exige el más elemental sentimiento de decoro. En particular, pido perdón a nuestro querido huésped; pero me ha parecido que él mismo, con veladas alusiones, me sugiere que no sólo no le desagradará la revelación formal y solemne de nuestro secreto familiar, sino que él mismo lo desea... ¿Verdad, príncipe, que no me engaño?

-Pues sí, no se engaña... yo, yo también estoy contento, muy contento... -dijo el príncipe sin entender en realidad de qué se trataba.

Para mayor efecto, Marya Aleksandrovna hizo alto para tomar aliento y abarcó con la mirada a los circunstantes. Todos éstos la escuchaban ansiosos e intranquilos. Mozglyakov sintió un escalofrío. Zina enrojeció y se levantó del sillón. Afanasi Matveich, en espera de algo insólito, se sonó la nariz por si acaso.

-Sí, *mes dames,* con gran placer por mi parte estoy pronta a confiarles mi secreto familiar. Hoy, de sobremesa, el príncipe, subyugado por la belleza y... las buenas prendas de mi hija, le ha hecho el honor de pedir su mano. ¡Príncipe! -concluyó con voz velada por la agitación y las lágrimas- ¡querido príncipe, usted no debe, usted no puede enojarse conmigo por esta indiscreción! Sólo el extraordinario gozo que siento como madre ha podido arrancar prematuramente de mi corazón este preciado secreto, y... ¿qué madre podría culparme en tales circunstancias?

No encuentro palabras para describir el efecto que produjo la inesperada declaración de Marya Aleksandrovna. Todos quedaron como petrificados de asombro. Las pérfidas visitantes que pensaban atemorizar a Marya Aleksandrovna dando a entender que ya conocían su secreto y que pensaban destruirla con la revelación prematura de él, que pensaban torturarla mientras tanto con meras indirectas, quedaron estupefactas ante tan atrevido candor. Esa intrépida sinceridad era ya en sí una señal de fuerza. «¿Quiere decirse, pues, que de veras el príncipe, por propia voluntad, se casa con Zina? ¿Así, pues, no le han cautivado, no le han emborrachado, no le han engañado? ¿Así, pues, no le obligan a casarse secreta y furtivamente? ¿Así, pues, Marya Aleksandrovna no se arredra ante nadie? ¿Así, pues, no cabe impedir esta boda si el príncipe no se casa a la fuerza?» Oyóse un murmullo momentáneo que se trocó al punto en gritos estridentes de alegría. La primera en lanzarse a abrazar a Marya Aleksandrovna fue Natalya Dmitrievna; tras ella Anna Nikolaevna, a la que siguió Felisata Mihailovna. Todas saltaron confusas de sus sitios. Muchas estaban pálidas de despecho. Comenzaron a felicitar a Zina, que estaba aturdida, y hasta asediaron a Afanasi Matveich. Marya Aleksandrovna extendió los brazos con gesto teatral y casi a la fuerza abarcó en ellos a su hija. Sólo el príncipe contemplaba esta escena con asombro extraño, aunque seguía sonriendo. La escena, sin embargo, le agradaba un tanto. Cuando vio a la madre abrazar a la hija sacó un pañuelo y se limpió una lágrima que apareció en el ojo bueno. Por supuesto que también se abalanzaron sobre él para felicitarle.

-¡Enhorabuena, príncipe, enhorabuena! --exclamaron en torno suyo.

-¿Con que se casa usted?

-¿Con que de veras se casa?

-Querido príncipe, ¿con que se nos casa usted?

-Pues sí, pues sí -respondió el príncipe, sumamente satisfecho de las enhorabuenas y de las manifestaciones de entusiasmo-. Y confieso a ustedes que lo que más me agrada es la bondad que me muestran y que nunca olvidaré, nunca. *Charmant, charmant.* Hasta me han hecho ustedes llo-rar...

-¡Deme un beso, príncipe! -dijo Felisata Mihailovna en voz más alta que las demás.

-Y les confieso -prosiguió el príncipe, interrumpido por todos lados -que lo que más me maravilla es que Marya Iva-nov-na, nuestra respetada anfitriona, haya adivinado mi sueño con tan rara pers-pi-ca-cia. Es como si ella hubiera soñado lo mismo que yo. ¡Rara perspicacia!

-¿Otra vez con lo del sueño, príncipe?

-¡Cuéntelo, príncipe, cuéntelo! -gritaron todas agrupándose a su alrededor.

-Sí, príncipe, no hay nada que ocultar. Ya es hora de revelar ese secreto -subrayó Marya Aleksandrovna con determinación y severidad-. Comprendo la fina alegoría, la encantadora delicadeza con que ha que rido aludir a su deseo de anunciar que va a casarse. Sí, *mes dames*, es verdad: hoy el príncipe se ha puesto de rodillas ante mi hija y, bien despierto y no en sueños, ha pedido formalmente su mano.

-Exactamente igual que si estuviera despierto y hasta en esas mismísimas cir-cuns-tan-cias -afirmó el príncipe-. *Mademoiselle* --continuó, volviéndose con extraordinaria cortesía a Zina, que aún no se había repuesto de su confusión-. *Mademoiselle,* le juro que nunca hubiera osado pronunciar su nombre si otras personas no lo hubieran hecho antes que yo. Ha sido un sueño en-can-ta-dor, un sueño en-can-ta-dor, y el poder decírselo a usted ahora me hace doblemente feliz. *¡Charmant, charmant!*

-Pero, por favor, ¿qué es esto? Todavía está con lo del sueño -murmuró Anna Nikolaevna a Marya Aleksandrovna. Ésta daba señales de alarma y se había -puesto ligeramente pálida. ¡Ay! A Marya Aleksandrovna, aun sin estas advertencias, ya se le oprimía y le temblaba el corazón.

-¿Qué es esto? -mascullaban entre dientes las señoras mirándose unas a otras.

-Perdone, príncipe empezó a decir Marya Aleksandrovna con un rictus penoso que quería ser sonrisa-, le aseguro que me asombra usted. ¿Qué es esta extraña idea suya acerca de un sueño? Confieso que hasta ahora he creído que bromeaba usted, pero... si se trata de una broma, es una broma bastante improcedente ... Quiero, deseo, atribuirlo a una distracción suya pero ...

-Efectivamente, quizá resulte de una distracción -murmuró Natalya Dmitrievna.

-Pues si... quiza proceda de una dis-trac-ción -confirmó el príncipe sin entender todavía del todo qué se esperaba de él-. Y, miren, voy a contarles una a-nécdo-ta. En Petersburgo me llamaron para un funeral en casa de cierta gente, *maison bourgeoise, mais honnête,* y yo me confundí creyendo que era el día del santo de alguien, el cual en realidad había sido la semana anterior. Preparé un ramo de camelias para la festejada. Entro ¿y qué encuentro? En la mesa yacía un hombre respetable, dignísimo, lo cual me dejó asombrado. Yo, francamente, quería que la tierra se abriese y me tragase con el ramo y todo.

-Pero, príncipe, ahora no estamos para anécdotas -interrumpió irritada Marya Aleksandrovna-. Mi hija, por supuesto, no tiene que andar a caza de novios, pero hoy, aquí, junto a este piano, usted mismo ha pedido su mano. Yo no le alenté a que lo hiciera... Más bien la cosa me sorprendió. Claro que se me ocurrió entonces una idea y lo aplacé todo hasta que usted se despertara. Pero soy madre y ella es mi hija... Usted mismo acaba de hablar de no sé qué sueño, y yo pensé que en forma de alegoría quería usted aludir a su petición de mano. Bien sé que quizás influya alguien para que cambie usted de propósito... incluso sospecho quién puede ser..., pero... ¡explíquese, príncipe, explíquese del modo más satisfactorio! ¡No cabe bromear así con una familia honrada ... !

-Pues sí, no cabe bromear así con una familia honrada -confirmó mecánicamente el príncipe, pero ya con una punta de inquietud.

-Ésa, príncipe, no es una respuesta a mi pregunta. Le pido que responda positivamente. Confirme, aquí y ahora mismo, ante todo el mundo, que hoy ha pedido usted a mi hija en matrimonio.

-Pues sí, estoy dispuesto a confirmarlo. Sin embargo, ya lo he contado todo, y Felisata Yakovlevna adivinó mi sueño perfectamente.

-¡Nada de sueño! ¡Nada de sueño! -gritó iracunda Marya Aleksandrovna-. ¡Nada de sueño! Eso ha sido una realidad, príncipe, una realidad, ¿me oye? una realidad.

-¡Una realidad! -exclamó el príncipe, levantándose sorprendido del sillón-. Pues, amigo mío, está pasando lo que me decías hace un rato -añadió dirigiéndose a Mozglyakov-. Pero le aseguro, mi respetable Marya Stepanovna, que se equivoca usted. Estoy absolutamente cierto de que todo eso lo soñé.

-¡Santo Dios! -vociferó Marya Aleksandrovna.

-No se sulfure, Marya Aleksandrovna -terció Natalya Dmitrievna-. Puede ser que el príncipe lo haya olvidado... Ya se acordará.

-Me asombra usted, Natalya Dmitrievna -replicó indignada Marya Aleksandrovna-. ¿Acaso pueden olvidarse esas cosas? ¿Acaso es posible olvidar esto? Por favor, príncipe, ¿es que se ríe usted de nosotras? ¿O es que quizá quiere usted hacerse pasar por uno de esos Calaveras de los tiempos de la Regencia que nos retrata Dumas? ¿Por un Faire-la-cour o un Lauzun? Pero, aparte de que sus años no están para eso, le aseguro que sería inútil. Mi hija no es una vizcondesa francesa. Hoy, aquí, en este mismo sitio ella le cantó a usted una romanza, y usted, cautivado Por su canto, se hincó de rodillas y pidió su mano. ¿Es que estoy soñando? ¿Es que estoy dormida? Conteste, príncipe, ¿es que estoy dormida?

-Pues sí... pero quizá no... -respondió el despistado príncipe-. Quiero decir que ahora, por lo visto, no estoy soñando. Pero ¿sabe? hace un rato sí lo estaba, y por eso soñé que en sueños...

-¡Dios mío! Pero ¿qué es esto? ¡Que si soñando, que si no soñando, que si soñando, que si no soñando' ¿Quién diablos entiende esto? ¿Está usted delirando, príncipe?

-Pues sí, el diablo sabe .... pero yo ya, por lo visto, no doy pie con bola... -añadió el príncipe lanzando a su alrededor miradas intranquilas.

-¿Pero cómo podía usted haberlo soñado -preguntó desesperada Marya Aleksandrovna- si yo le he contado a usted su sueño con todos los detalles cuando todavía no se lo había contado usted a ninguno de los aquí presentes?

-Quizás el príncipe se lo había contado ya a alguien -dijo Natalya Dmitrievna.

-Pues sí, quizá se lo había contado a alguien -afirmó el príncipe enteramente desorientado.

-¡Vaya comedia! -apuntó Felisata Mihailovna por lo bajo a su vecina.

-¡Santo Dios! ¡Esto es inaguantable! -gritó Marya Aleksandrovna, retorciéndose con frenesí las manos¡Ella le cantó una romanza, una romanza le cantó! ¿Es que también soñó usted eso?

-Pues sí, en efecto, parece que cantó una romanza -murmuró pensativo el príncipe. De pronto un recuerdo animó su rostro.

-¡Amigo mío! --exclamó, volviéndose a Mozglyakov-. Olvidé decirte antes que hubo de veras una romanza, y que en esa romanza había unos castillos, y luego más castillos, de manera que había muchísimos castillos, y luego había tro-va-dor! Pues sí, recuerdo todo eso... hasta el punto de que me eché a llorar... y mira que ahora no sé a punto fijo si esto sucedió de veras o si lo soñé...

-Le confieso, tío -respondió Mozglyakov en el tono más mesurado posible, aunque en su voz vibraba cierta inquietud-, le confieso que, a mi parecer, todo esto es muy fácil de explicar y concordar. A mi parecer usted realmente oyó cantar. Zinaida Afanasievna canta maravillosamente. Después de comer le trajeron a usted aquí y Zina le cantó una romanza. Yo no estaba aquí, pero usted probablemente dio rienda a su emoción y recordó el pasado. Quizá recordó a esa misma vizcondesa con la cual solía cantar romanzas y de la cual usted mismo nos habló esta mañana. Pero luego, cuando se acostó usted, soñó, como consecuencia de estas agradables impresiones, que estaba usted enamorado y que había pedido la mano...

Marya Aleksandrovna se quedó pasmada ante tal vileza.

-¡Amigo mío, eso es efectivamente lo que me ha pasado! --exclamó el príncipe con entusiasmo-. ¡Precisamente como consecuencia de esas agradables impresiones! Recuerdo en e-fec-to que me cantaron una romanza y luego, en sueños, sentí el deseo de casarme. Y había también una vizcondesa... ¡Que hábilmente has descifrado todo esto, querido! ¡Bueno, ahora estoy plenamente convencido de que todo esto lo soñé! ¡Marya Vasilyevna, le aseguro que se equivoca! Ha sido un sueño. De lo contrario, no me permitiría jugar con sus nobles sentimientos...

-¡Ahora veo claro quién ha sido el cizañero aquí! -gritó Marya Aleksandrovna, a quien la furia tenía fuera de sí, dirigiéndose a Mozglyakov-. ¡Usted, señor mío, usted, hombre sin honor, usted es el responsable de todo esto! ¡Usted ha alborotado a este infeliz idiota porque usted mismo ha sido mandado a paseo! ¡Pero me las pagarás, canalla, por este insulto! ¡Me las pagarás, me las pagarás, me las pagarás!

-Marya Aleksandrovna -exclamó Mozglyakov, enrojeciendo a su vez como un cangrejo-, sus palabras llegan al extremo de... No sé hasta qué extremo sus palabras... Una dama de la alta sociedad jamás se permitiría... Yo por lo menos protejo a mi pariente. Confiese usted misma que engañar así...

-Pues sí, engañar así... -asintió el príncipe, tratando de esconderse detrás de Mozglyakov.

-¡Afanasi Matveich! -gritó Marya Aleksandrovna con voz nada natural- ¿es que no oyes cómo nos avergüenzan y deshonran? ¿O es que te has sacudido de encima todas tus obligaciones? ¿Es que en realidad no eres un padre de familia, sino un miserable poste de madera? ¿A qué viene ese abrir y cerrar de ojos? ¡Otro marido ya hubiera lavado con sangre el ultraje hecho a su familia ... !

-¡Mujer! --empezó a decir con fatuidad Afanasi Matveich, muy orgulloso de servir por fin para algo¡Mujer! ¿No habrás tú, en efecto, soñado todo eso y luego, cuando te despertaste, te hiciste un lío como de costumbre ... ?

Pero Afanasi Matveich no estaba llamado a terminar su perspicaz suposición. Hasta entonces los visitantes se habían tenido a raya, dando mendazmente a sus semblantes un aspecto de decorosa seriedad. Pero ahora una descarga de risotadas irreprimibles retumbó por toda la sala. Marya Aleksandrovna, echando por alto las buenas maneras, se lanzó sobre su cónyuge, seguramente con el propósito de arrancarle los ojos allí mismo. La sujetaron a la fuerza. Natalya Dmitrievna se aprovechó de la ocasión para verter una gota más de veneno.

-Quizá, Marya Aleksandrovna, haya sucedido efectivamente así y se atormenta usted inútilmente -sugi rio con voz meliflua.

-¿Cómo ha sucedido? ¿Qué ha sucedido? -gritó Marya Aleksandrovna sin entender todavía lo que se le decía.

-Eso, Marya Aleksandrovna, sucede a veces...

-¿Qué es lo que sucede? ¿Es que quiere usted volverme loca?

-Quizá lo soñara usted en efecto.

-¿Que lo soñé? ¿Yo? ¿Que lo soñé? ¿Y se atreve usted a decirme eso a mi propia cara?

-Puede ser que efectivamente sucediera así -replicó Felisata Mihailovna.

-Pues sí, quizás efectivamente sucediera así -murmuró también el príncipe.

-¡También él, también él! ¡Dios santo! -vociferó Marya Aleksandrovna, estrujándose las manos.

-¡Qué alborotada está usted, Marya Aleksandrovna! Recuerde que los sueños nos los manda Dios. Y si Dios así lo quiere, nadie puede oponerse, y todos deben acatar su santa voluntad. Nada se gana con enfurecerse.

-Pues sí, nada se gana con enfurecerse.

-Con que me toman ustedes por loca, ¿no es eso? -pudo apenas articular Marya Aleksandrovna, a quien ahogaba la furia-. Esto ya no hay fuerza humana que lo aguante-. Se apresuró a buscar una silla y cayó en ella desmayada.

-Éste es un desmayo diplomático -susurró Natalya Dmitrievna a Anna Nikolaevna.

Pero en ese momento de máxima perplejidad para los presentes y de tensión en la escena, se adelantó de pronto otro personaje que hasta entonces había guardado silencio, y el escenario cambió al punto de carácter...

XIV

Hablando en términos generales, Zinaida Afanasievna era de talante sobremanera romántico. No sabemos si, como aseguraba la propia Marya Aleksandrovna, ello se debía a la lectura frecuente de «ese idiota» de Shakespeare con «su maestrucho». Pero jamás, en toda su vida en Mordasov, Zina se había permitido jugar un papel tan insólitamente romántico, mejor aún, tan heroico, como el que a continuación vamos a describir.

Pálida, con la resolución pintada en los ojos, pero casi trémula de agitación, pasmosamente bella en su ira, dio un paso adelante. Abarcando a todos en una larga y retadora mirada, en medio del silencio que de repente la rodeó, se volvió a su madre, quien, al primer movimiento que hizo la hija, volvió en sí de su desmayo y abrió los ojos.

-Mamá -dijo Zina- ¿a qué viene engañar? ¿A qué ensuciarse más con la mentira? Ya está todo tan sucio que, francamente, no vale la pena hacer un esfuerzo humillante para ocultarlo.

-¡Zina! ¡Zina! ¿Qué te pasa? ¡Vuelve en tu acuerdo! -exclamó Marya Aleksandrovna aterrada, saltando de su asiento.

-Ya le dije, mamá, le dije de antemano que no aguantaría esta ignominia -prosiguió Zina-. ¿Acaso es necesario humillarse todavía más, ensuciarse más? Pero escuche, mamá, yo me hago responsable de todo, porque soy mas culpable que nadie. ¡Yo, yo, con mi consentimiento, he dado curso a esta vergonzosa... intriga! Usted es madre y me quiere. Usted pensó hacer mi felicidad a su manera, según su entender. Cabe todavía perdonarla a usted, pero a mí, a mí nunca.

-Zina, ¿pero es que quieres contar ... ? ¡Ay, Dios! ¡Ya me temía yo que este puñal se me clavada en el corazón!

-Sí, mamá, lo contaré todo. Estoy deshonrada, usted... ¡todos nosotros estamos deshonrados ... !

-Tú exageras, Zina. No estás en tu juicio cabal y no piensas en lo que dices. ¿Y para qué contar nada? No hay por qué... La vergüenza no es nuestra... Verás cómo demuestro ahora mismo que la vergüenza no es nuestra...

-No, mamá -exclamó Zina con un temblor de enojo en la voz-. Ya no quiero callar más ante estas gentes cuyas opiniones desprecio y que han venido a reírse de nosotros. No quiero aguantar más sus agravios; ni una sola de estas señoras tiene derecho a cubrirme de lodo. Todas ellas están dispuestas en cuálquier momento a portarse treinta veces peor que usted o que yo. ¿Se atreven a ser nuestros jueces? ¿Pueden serlo?

-¡Habráse visto! ¡Pero qué manera de hablar! ¿Qué es esto? Nos está insultando -se ovó por todos lados.

-En realidad ni ella misma sabe lo que está diciendo -indicó - Natalya Dmitrievna.

Digamos entre paréntesis que Natalya Dmitrievna tenía razón. Si Zina no consideraba a estas damas dignas de juzgarla, ¿entonces para qué salir con esta declaración pública y esta confesión? Bien mirado, Zinaida Afanasievna se apresuraba en demasía. Tal fue más tarde la opinión de las mejores cabezas de Mordasov. Se hubiera podido arreglar todo. Se hubiera podido echar tierra al asunto. Es verdad que la propia Marya Aleksandrovna se hizo mucho daño aquella tarde con su apresuramiento y arrogancia. Hubiera bastado tan sólo con reírse del carcamal imbécil y mandarlo a paseo. Pero Zina, como si lo hiciera adrede, y a pesar de la sensatez y de la sabiduría propias de Mordasov, se dirigió al príncipe.

-Príncipe -le dijo al anciano, quien por respeto hasta se levantó de su sillón, tal fue la impresión que ella le produjo en ese momento-. ¡Príncipe, perdóneme, perdónenos! Le hemos engañado, le hemos engatusado...

-¡Cállate, infeliz! -gritó Marya Aleksandrovna atónita.

-Señorita, señorita, *ma charmante enfant...* -mascullo el príncipe sorprendido.

Pero el carácter de Zina, orgulloso, impulsivo y en alto grado fantasioso la arrastró en ese instante más allá de todas las convenciones que exige la realidad. Se olvidó hasta de su propia madre, a quien tales confesiones tenían convulsa.

-Sí, nosotras dos le hemos engañado, príncipe. Mi madre porque decidió hacerle casarse conmigo y yo porque lo acepté. Se le embriagó a usted, yo consentí en cantar y hacer remilgos ante usted. A usted, débil, inerme, se le echó la garra, como dice Pavel Aleksandrovich, se le echó la garra porque es usted rico y porque es usted príncipe. Todo esto ha sido horriblemente sórdido y me arrepiento de ello. Pero le juro, príncipe, que no consentí en esta vileza por motivos innobles. Yo quería... Pero ¿qué hago? Sería doble vileza justificarse en este asunto. Le digo, sin embargo, príncipe, que si hubiera tomado algo suyo, habría sido en cambio para usted su juguete, su criada, su bailarina, su esclava... ¡Hubiera jurado y hubiera cumplido sagradamente mi juramento!

Un nudo en la garganta la obligó a detenerse en ese momento. Todos los presentes parecían estupefactos y escuchaban con ojos desorbitados. La declaración de Zina, inesperada y enteramente incomprendida, les había sacado de quicio. Sólo el príncipe estaba hondamente conmovido, aunque no entendía la mitad de lo que Zina decía.

-Pero me casaré con usted, *ma belle enfant*, si así lo desea -murmuró- y lo estimaré un gran ho-nor. Le aseguro, sin embargo, que fue como ¿qué importa que soñara? ¿Para qué un sueño. ¿Pero inquietarse? Parece, amigo mío --dijo volviéndose a Mozglyakov- que no he comprendido nada. Explícame tú, por favor...

-Y usted, Pavel Aleksandrovich -continuó Zina, volviéndose también a Mozglyakov- usted, en quien alguna vez he estado a punto de ver a mi futuro esposo, usted, que ahora se ha vengado tan cruelmente de mí ¿de veras ha podido hacer causa común con esta gente para infamarme y herirme? ¿Y decía usted que me amaba? Pero no soy yo quien puede darle una lección de moral. Soy más culpable que usted. Le he ofendido porque efectivamente le he venido incitando con promesas, y mis palabras han sido trampa y mentira. No le he querido a usted nunca, y si decidí casarme con usted fue sólo para salir de aquí, de esta maldita ciudad y librarme de toda esta porquería... Pero le juro que de haberme casado con usted, hubiera sido una esposa buena y fiel... Se ha vengado usted cruelmente de mí y si esto halaga su amor propio...

-¡Zinaida Afanasievna! -exclamó Mozglyakov.

-Si sigue usted sintiendo odio hacia mí...

-¡Zinaida Afanasievna!

-Sí alguna vez -continuó Zina reprimiendo las lágrimas-, si alguna vez me ha amado usted...

-¡Zinaida Afanasievna!

-¡Zina, Zina, hija mía! -gimió Marya Aleksandrovna

-¡Soy un canalla, Zinaida Afanasievna, soy simplemente un canalla! -declaró Mozglyakov, produciendo con ello la más aguda conmoción. Alzáronse gritos de asombro, de cólera, pero Mozglyakov permaneció clavado en su sitio, incapaz de pensar ni hablar...

En los caracteres débiles y frívolos, habituados a la sumisión, que deciden por fin enfurecerse y protestar, en una palabra, ser firmes y consecuentes, se echa de ver un rasgo, a saber, el límite siempre cercano de su firmeza y consecuencia. Por lo común su protesta es al principio sumamente enérgica, con energía que llega incluso al frenesí. Se lanzan sobre los obstáculos con los ojos cerrados y casi siempre carecen de fuerza bastante para sobrellevar la carga que asumen. Pero una vez que ha llegado a cierto punto, el hombre enfurecido, como asustado de sí mismo, se detiene estupefacto ante la terrible pregunta: «¿Qué es lo que he hecho?» Y al punto decae en su esfuerzo, lloriquea, pide explicaciones, se pone de rodillas, pide perdón, implora que todo vuelva a como estaba antes, y pronto, lo más pronto posible... Eso mismo, poco más o menos, fue lo que pasó entonces con Mozglyakov. Después de perder los estribos, de enfurecerse, de provocar un desastre del que ahora se juzgaba exclusivamente responsable, deispués de saciar su ira y su vanidad y de odiarse a sí mismo por haberlo hecho, se detuvo de repente, herida su conciencia por la inesperada declaración de Zina. Las últimas palabras de ésta fueron el golpe de gracia. El tránsito de un extremo a otro fue cosa de un instante.

-Soy un asno, Zinaida Afanasievna -exclamó en un impulso de frenético arrepentimiento-. No, ¿Qué digo, asno? ¡Asno es poco! ¡Muchísimo peor que un asno! ¡Pero le voy a probar a usted, Zinaida Afanasievna, le voy a probar que hasta un asno puede ser un hombre honrado! ¡Tío, le he engañado a usted! ¡Sí, yo, yo le he engañado a usted! Usted no dormía. Usted realmente, despierto, hizo una propuesta de matrimonio, y yo, yo, canalla que soy, para vengarme por haber sido despedido, le aseguré a usted que lo había soñado.

-Se están descubriendo cosas sumamente curiosas -murmuró Natalya Dmitnevna al oído de Anna Nikolaevna.

-Amigo mío, tran-qui-lí-zate, por fa-vor. ¡Menudo susto me has dado con tus gritos! Te aseguro que te e-qui-vo-cas... Yo puede ser que esté dispuesto a casarme si es pre-ci-so; pero fuiste tú mismo quien me aseguró que todo había sido un sueño...

-¡Ay, y cómo convencerle ahora! ¡Díganme ustedes cómo convencerle ahora! ¡Tío, tío! ¡Que esto es cosa importante! ¡Que es un asunto de familia de lo más importante! ¡Considere usted! ¡Piense!

-Perdona, amigo mío, estoy pen-san-do. Espera que lo recuerde todo punto por punto. Primero fue lo del cochero Fe-o-fil...

-¡Tío! ¡Que Feofil no viene ahora a cuento!

-Pues sí, pongamos que ahora no viene a cuen-to. Luego fue Na-po-le-ón, y luego me parece que tomamos el té y que llegó una señora y se nos comió todo el azúcar...

-¡Pero, tío! -soltó Mozglyakov en su propio trastorno-. ¡Si eso fue lo que nos dijo antes la propia Marya Aleksandrovna refiriéndose a Natalya Dmitrievna! ¡Si yo estaba allí y lo oí con mis propios oídos! ¡Si yo estaba escondido y les miraba a ustedes por un agujero ...!

-¿Cómo, Marya Aleksandrovna? -interpuso Natalya Dmitrievna- ¿con que ha dicho al príncipe que yo le robaba a usted el azúcar del azucarero? ¿Con que vengo aquí a robar azúcar?

-¡Fuera de aquí! -gritó Marya Aleksaiidrovna presa de desesperación.

-¡No hay fuera de aquí que valga, Marya Aleksandrovna! ¡No se atreva usted a hablarme así! ¿Qué, va-mos a ver, le robo yo a usted el azúcar? Hace tiempo que oigo decir que -levanta usted esas viles calumnias contra mí. Sofya Petrovna me ha dado detalles... ¿Con que le robo a usted el azúcar?

-Pero, *mes dames* --exclamó el príncipe-, ¡si todo esto no es más que un sueño... ¿Qué importa lo que yo vea en sueños?

-¡Maldita cuba! -rezongó Marya Aleksandrovna a media voz.

-¿Cómo? ¿También soy una cuba? -chilló Natalya Dmitrievna-. Y usted ¿qué es? Ya hace tiempo que sé que me llama usted una cuba. Yo por lo menos tengo un marido, mientras que usted tiene un imbécil...

-Pues sí, recuerdo que también había una cu-ba -musitó el príncipe, recordando inconscientemente su conversación con Marya Aleksandrovna.

-¿Cómo? ¿Insulta usted así a una señora?

-¿Cómo se atreve, príncipe, a insultar a una señora? Si yo soy una cuba, usted es un hombre sin piernas...

-¿Quién? ¿Yo sin piernas?

-Pues sí, sin piernas, y además sin dientes. ¡Eso es lo que es usted!

-¡Y además tuerto! -gritó Marya Aleksandrovna.

-¡Con un corsé en lugar de costillas! -agregó Natalya Dmitrievna.

-¡Y con una cara montada con muelles!

-¡Sin un pelo propio!

-Y el idiota tiene bigotes postizos -cerró el coro Marya Aleksandrovna.

-Déjeme al menos la nariz, Marya Stepanovna, que es la mía propia -clamó el príncipe, estupefacto ante franqueza tan inesperada-. ¡Amigo mío, me has traicionado! Les has dicho que tengo el cabello pos-ti-zo...

-¡Tío!

-No, amigo mío, no puedo permanecer aquí más tiempo. ¡Llévame a cualquier sitio ... ! ¡*Quelle société!* Dios mío, ¿adónde me has traído?

-¡Idiota! ¡Sinvergüenza! -aulló Marya Aleksandrovna.

-¡Ay, Dios mío! -dijo el pobre príncipe-. Mira, he olvidado de momento por qué he ve-ni-do aquí, pero pronto lo re-cor-da-ré. Llévame a cualquier si-tio, amigo, que aquí me despedazan. Además... necesito apuntar al instante un nuevo pensamiento...

-Vamos, tío, que aún no es tarde. Le llevo en se guida al hotel y yo también voy con usted...

-Pues sí, al hotel. *Adieu, ma charmante enfant...* Sólo usted... Usted es la única... virtuosa. Usted es una muchacha hon-ra-da. Vamos, amigo mío. ¡Ay, Dios santo!

No describiré, sin embargo, el final de la desagradable escena que se produjo al marcharse el príncipe. Las visitantes se dispersaron con chillidos y juramentos. Marya Aleksandrovna se quedó por fin sola en medio de los jirones y despojos de su pasada gloria. Poder, fama, categoría social, todo ¡ay! se volatilizó en esa sola tarde. Marya Aleksandrovna comprendió que ya no volvería nunca a alcanzar la altura de antes. Su prolongado despotismo, de muchos años de duración, sobre toda la sociedad se desplomó por fin. ¿Qué le quedaba ahora? Filosofar. Pero no filosofó. Pasó la noche entera rabiando. Zina estaba deshonrada y las murmuraciones serían inacabables. ¡Horrible!

Como historiador puntual debo señalar que el que mejor salió de ese fregado fue Afanasi Matveich, quien logró esconderse en un cuarto de trastos y allí permaneció, transido de frío, hasta la mañana. Llegó por fin ésta, pero tampoco trajo nada bueno. La desgracia nunca viene sola...

XV

Cuando el destino hace que el infortunio caiga una vez sobre alguien, sus arremetidas ya no tienen fin. Esto ya se sabe de antiguo. No bastaba una tarde de infamia y vergüenza para Marya Aleksandrovna. No. El destino le preparaba otros golpes aún más violentos.

Ya antes de las diez de la mañana circulaba por toda la ciudad un rumor extraño y difícil de creer, recibido por todo el mundo con maligna y feroz alegría, como por lo común recibimos un escándalo insólito de que es víctima cualquiera de nuestros prójimos. «¡Llegar a extremo tal de desvergüenza y desfachatez!» -se exclamaba por todas partes-. «Humillarse hasta ese punto, despreciar todo decoro, menospreciar así todos los miramientos», etc., etc. He aquí, sin embargo, lo que había pasado. Por la mañana temprano, cuando apenas eran las seis, una pobre vieja de aspecto lamentable, desesperada y llorosa, corrió a casa de Marya Aleksandrovna y rogó a la doncella que despertara a la señorita en seguida, sólo a la señorita y en secreto, para que no se enterase Marya Aleksandrovna. Zina, pálida y acongojada, corrió al punto al encuentro de la anciana. Ésta cayó a los pies de la joven, los cubrió de besos, los regó de lágrimas y le imploró que fuera con ella inmediatamente a ver a su Vasya, que, enfermo, había tenido una mala noche, tan mala, que quizá no saliera vivo de ese día. La vieja dijo a Zina entre sollozos que era el propio Vasya quien la llamaba para pedirle perdón a las puertas de la muerte, y que se lo suplicaba por todos los ángeles del cielo y por todo lo que había pasado antes; y que si ella no iba a verle, moriría él presa de la desesperación. Al momento Zina determinó ir, a pesar de que dar satisfacción a tal súplica confirmaría todos los odiosos rumores de antes acerca de la nota interceptada, de su conducta escandalosa, etc. Sin decir nada a su madre, se echó un manto encima y al momento, junto con la vieja, cruzó a buen paso toda la ciudad hasta llegar a uno de los arrabales más pobres de Mordasov, a una calle apartada en la que había una casuca vieja, ladeada, con unas como aspilleras por ventanas y medio hundida entre montones de nieve.

En esa casuca, en un cuartucho pequeño, húmedo y bajo de techo, en el que una enorme estufa ocupaba la mitad de él, en un camastro de tablas sin pintar, sobre un jergón delgado como una oblea, yacía un joven cubierto con un viejo capote. Tenía la cara pálida y chupada y los brazos flacos y enjutos como palillos. Le brillaban los ojos con ardor morboso. Su respiración era dificultosa y ronca. Se echaba de ver que había sido de buen parecer; pero la enfermedad había alterado los finos rasgos de su hermoso rostro, en el que daba pena y espanto fijar los ojos, como en el de todos los tísicos o, mejor aún, como en el de los moribundos. Su anciana madre, que durante todo un año, por no decir hasta el último momento, había esperado que su Vasyenka se salvara, comprendió por fin que se acercaba el fin. Ahora estaba junto a él, presa de angustia, de pie, con las manos entrecruzadas, secos los ojos, mirándole sin apartar de él la vista, sin poder aún comprender, aunque bien lo sabía, que en breves días la helada tierra cubriría a su adorado Vasya, allí, bajo los montones de nieve, en el miserable cementerio. Pero no era a ella a quien Vasya miraba en ese momento. La cara del enfermo, consumida y doliente, respiraba ahora felicidad. Veía por fin ante sí a aquella con quien soñaba desde hacía año y medio, dormido y despierto, durante las largas y penosas noches de su enfermedad. Comprendía que ella le perdonaba, apareciéndosele como un ángel de Dios en la hora de la muerte. Ella le estrechaba las manos, lloraba sobre su pecho, le sonreía, le miraba de nuevo con sus ojos espléndidos...; y todo lo ya pasado para no volver resucitó de nuevo en el alma del moribundo. La vida ardió una vez más en su corazón y parecía como si esa misma vida, al huir, quisiera hacer sentir al paciente lo difícil que era separarse de él.

-¡Zina --dijo- Zinochka! No llores por mí, no te aflijas, no te inquietes, no me recuerdes que voy a morir pronto. Quiero mirarte... como ahora te miro, quiero sentir que nuestras almas han vuelto a juntarse, que me has perdonado. Besaré tus manos como antes, y morire quizá sin darme cuenta de la muerte. ¡Has adelgazado, Zinochka! ¡Con qué bondad me miras ahora, ángel mío! ¿Y recuerdas cómo te reías antes? ¿Recuerdas ... ? ¡Ay, Zina! No te pido perdón, ni quiero recordar lo que pasó, porque, Zinochka, aunque tú me hayas perdonado, yo nunca me perdonaré a mí mismo. Ha habido noches largas, Zina, noches de insomnio y terror, y en tales noches, tendido en esta misma cama, he pensado mucho. Hace ya tiempo que estoy convencido de que lo mejor para mí es morirme, de veras que es lo mejor. ¡Yo no sirvo para vivir, Zinochka!

Zina lloraba y le apretaba las manos, como si con ello quisiera poner coto a sus palabras.

-¿Por qué lloras, ángel mío? -prosiguió el enfermo-. ¿Porque voy a morir? ¿Sólo por eso? ¡Pero si hace tiempo que todo lo demás murió y está enterrado! Tú eres más lista que yo, tienes un corazón mas puro, y por lo tanto sabes desde hace mucho que soy malo. ¿Es posible que aún puedas quererme? ¡Cuánto me ha costado hacerme a la idea de que sabes lo malo y vano que soy! ¡Cuánto hubo de vanidad en todo aquello, cuánto quizá también de honradez... no lo sé! ¡Ay, amor mío, toda mi vida ha sido un sueño! Lo he soñado todo, he soñado siempre. No vivía, me vanagloriaba, despreciaba a la muchedumbre ¿y de qué podía vanagloriarme ante ella? Ni yo mismo lo sé. ¿De pureza de corazón? ¿De nobleza de sentimientos? ¡Pero si todo esto fue sólo en sueños, cuando leíamos juntos a Shakespeare! Y cuando llegó la hora de obrar yo también hice alarde de mi pureza y de mis nobles sentimientos...

-¡Basta -dijo Zina- basta!... ¡No fue como dices! ¡En vano... te atormentas!

-¿Por qué me interrumpes, Zina? Ya sé que me has perdonado y que tal vez me perdonaste hace ya tiempo; me juzgaste y comprendiste qué clase de hombre soy: eso es lo que me tortura. ¡Soy indigno de tu cariño, Zína! Tú hasta en el obrar fuiste honrada y magnánima. Hablaste con tu madre y le dijiste que te casarías conmigo y con nadie más, y cumpliste tu palabra, porque en ti palabra y obra van juntas. ¡Pero en mí! Cuando era cosa de obrar... ¿Sabes, Zinochka, que ni siquiera comprendía entonces lo que tú sacrificabas casándote conmigo? No comprendía siquiera que, casándote conmigo, quizá te morirías de hambre. ¡Si ni siquiera se me pasó por la cabeza! Yo sólo pensaba en que te casabas conmigo, con un gran poeta (es decir, con un futuro gran poeta), y no quería entender los motivos que aducías al pedirme que se aplazara la boda. Te atormenté, te tiranice, te hice reproches, te denigré, y por último llegué al extremo de amenazarte en aquella carta. ¡No me porté sólo como un canalla entonces, sino como un sabandija! ¡Oh, cómo me debiste despreciar! Sí, está bien que me muera. Está bien que no te hayas casado conmigo. No hubiera comprendido tu sacrificio, te hubiera hecho la vida imposible, te hubiera atormentado por causa de nuestra pobreza. ¿Y qué digo? Tal vez hubiera llegado a odiarte, como un obstáculo en mi vida. ¡Ahora es mejor! Ahora al menos mis lágrimas amargas me han lavado el corazón. ¡Ay, Zinochka! ¡Quiéreme un poquito, como antes me querías! Aunque ésta sea la última hora ... Bien sé que no soy digno de tu cariño, pero, pero ... ¡oh, ángel mío!

Durante toda esta plática Zina también estuvo sollozando y trató de cortarle la palabra más de una vez Pero él no la escuchaba, aguijoneado por el deseo de decirlo todo, y seguía hablando, aunque con esfuerzo ahogándose, con voz ronca y entrecortada.

-¡Si no me hubieras conocido, si no me hubieras querido, ahora no estarías como estás! --dijo Zina- ¡Ay! ¿Por qué nos conocimos? ¿Por qué?

-No, amor mío, no te hagas reproches porque voy a morir -prosiguió el enfermo-. ¡Yo tengo la culpa de todo! ¡Cuánta vanidad ha habido en todo ello! ¡Cuánto romanticismo! ¿Te han contado en detalle mi estúpida historia, Zina? Mira, hubo aquí el año antepasado un preso, procesado en una causa criminal, un malhechor y asesino; pero cuando llegó la hora de la pena resultó ser un hombre pusilánime. Sabiendo que a un enfermo no se le impone el castigo, se agenció un poco de vino, puso en él tabaco y se lo bebió. Le sobrevino un vomito tal, mezclado con sangre, y duró tanto tiempo que le dañó los pulmones. Lo llevaron a la enfermería y al cabo de algunos meses murió de tisis galopante. Pues bien, amor mío, yo me acordé de ese preso el mismo día que .... bueno, ya sabes, después de lo de la carta... y también decidí matarme. Pero, a ver, piensa, ¿por qué escogí la tisis? ¿Por qué no colgarme o ahogarme? ¿Le tenía miedo a una muerte rápida? ¡Tal vez fuera eso, pero no sé por qué sospecho, Zinochka, que también ahí anduvieron tonterías románticas! De todos modos, se me ocurrió entonces una idea: ¡qué hermoso sería estar en la cama muriendo de tisis, mientras tú estarías con el alma en un hilo, sufriendo porque me habrías llevado hasta ese estado! Tú misma vendrías a confesarme tu culpa, te arrodillarías ante mí... Yo te perdonaría, muriendo en tus brazos... ¡Estúpido, Zinochka, estúpido! ¿verdad?

-No recuerdes eso -dijo Zina-. No digas eso... Tú no eres así... ¡Es mejor que recordemos otra cosa, lo nuestro, que fue tan hermoso y tan feliz!

-Me es penoso, amor mío, por eso hablo de ello. ¡Hace año y medio que no te veo! ¡Es como si desnudara mi alma ante ti! Desde entonces, durante todo este tiempo, he estado enteramente solo y creo que no ha habido un momento en que no haya pensado en ti, ¡ángel mío de mi alma! Y ¿sabes, Zinochka? ¡cuánto hubiera querido hacer algo, algo meritorio para que cambiaras tu concepto de mí! Hasta hace poco no creía que iba a morirme, porque la dolencia no me abatió de repente, y durante mucho tiempo he estado yendo y viniendo con el pecho enfermo. ¡Y cuántas conjeturas ridículas he hecho! Soñaba, por ejemplo, que llegaba a ser de repente un grandísimo poeta, que imprimía en *Notas de la Patria* un poema sin par en el mundo. Pensaba verter en él todos mis sentimientos, toda mi alma, de modo que, dondequiera que tú estuvieras, yo estaría siempre contigo, haría que me recordaras con,tinuamente con mis poesías. Y mi mejor sueño era que por fin reflexionarías y dirías: «No, no es tan malo como yo creía.» ¡Estúpido, Zinochka, estúpido! ¿Verdad?

-¡No, no, Vasya, no! -dijo Zina, cayendo sobre el pecho del enfermo y besándole las manos.

-¡Y qué celoso he estado de ti durante todo este tiempo! ¡Creo que me hubiera muerto si hubiera oído decir que te casabas! Mandaba que no te quitaran los ojos de encima, que te vigilaran, que te espiaran...; ésta es la que iba y venía (y señaló con un gesto a su madre). Porque tú no querías a Mozglyakov, ¿verdad, Zinochka? ¡Ay, ángel mío! ¿Te acordarás de mí cuando me muera? Sé que te acordarás; ¡pero pasarán los años, el corazón se endurecerá, llegará el frío, el invierno, al alma, y me olvidarás, Zinochka!...

-¡No, no, nunca! ¡Ni me casaré tampoco!... Tú eres el primero... y lo serás siempre...

-¡Todo muere, Zinochka, todo, hasta los recuerdos!... También mueren nuestros nobles sentimientos. A ocupar su puesto viene el buen sentido. ¿De qué sirve quejarse? Aprovéchate de la vida, Zina, vive larga y felizmente. ¡Quiere a otro, si puedes querer, porque de nada vale querer a un muerto! Pero por lo menos acuérdate de mí, aunque sólo sea de tarde en tarde. ¡No recuerdes lo malo, perdona lo malo, porque también en nuestro amor hubo algo bueno, Zinochka! ¡Oh, días dorados que ya no volverán...! ¡Escucha, ángel mío, siempre le he tenido cariño al atardecer, a la puesta de sol. Recuérdame a veces a esa hora. ¡Ah, no, no! ¿Por qué morir? ¡Cuánto quisiera ahora volver a vivir! ¡Recuerda, amor mío, recuerda, recuerda ese tiempo! Era la primavera, el sol brillaba esplendoroso, brotaban las flores, y en torno nuestro había un aire de fiesta... Y ahora. ¡Mira, mira!

Y el pobre señalaba con una mano enflaquecida la mugrienta ventana cubierta de escarcha. Luego cogió las manos de Zina, las apretó contra sus propios ojos y comenzó a sollozar amargamente. Los sollozos casi destrozaban su pecho consumido.

Todo el día estuvo sufriendo, añorando y llorando. Zina le consolaba en lo posible, pero su propio espíritu estaba en angustia mortal. Le decía que no le olvidaría y que nunca amaría a nadie como a él le amaba. Él la creía, sonreía, le besaba las manos, pero los recuerdos del pasado servían sólo para atenazarle y atormentarle el alma. Así transcurrió el día. Entretanto, Marya Aleksandrovna, alarmada, mandó diez veces por Zina, le rogó que volviera a casa y que no acabara por desacreditarse del todo en la opinión pública. Por último, cuando ya oscurecía, decidió ir ella misma en busca de su hija. La llamó a un cuarto vecino y, casi de rodillas, le pidió que «no traspasara su corazón con este último y mortífero puñal». Zina salió a verla sintiéndose enferma: le ardía la cabeza. Escuchó a su madre sin entenderla. Marya Aleksandrovna se fue por fin desesperada, porque Zina se había propuesto pasar la noche en casa del moribundo, y durante toda ella no se apartó un instante de la cama de éste. El enfermo empeoraba por momentos. Llegó un nuevo día, pero ya sin esperanza de que el paciente lo sobreviviera. La anciana madre estaba como loca, iba de un lado para otro como si no comprendiera nada, daba al hijo medicinas que él no quería tomar. La agonía del joven duró largo tiempo. Ya no podía hablar y de su pecho brotaban sólo sonidos roncos e inconexos. Hasta el último momento estuvo mirando continuamente a Zina, buscándola con los ojos, y cuando en ellos empezó a apagarse la luz siguió buscando con mano tentativa e incierta la mano de ella para apretarla. Entretanto transcurría el corto día invernal. Y cuando, finalmente, el postrer rayo del sol declinante pintó de oro el único ventanuco de la exigua habitación, todo él cubierto de escarcha, el alma del paciente, abandonando el agotado cuerpo, voló en pos de ese rayo. La vieja madre, al ver por fin ante sí el cadáver de su adorado Vasya, entrecruzó las manos, lanzó un grito y cayó sobre el pecho del muerto.

-¡Tú, víbora, has sido su perdición! --gritó a Zina en su desesperación-. ¡Tú, maldita cizañera, tú, malvada, eres la que le has matado!

Pero Zina ya no oía nada. Estaba de pie junto al muerto, como enajenada. Al cabo se inclinó sobre él, hizo la señal de la cruz, le besó y salió maquinalmente de la habitación. Le quemaban los ojos y le daba vueltas la cabeza. Las penosas vicisitudes que había presenciado y las dos noches en que apenas había dormido casi la privaron de juicio. Sentía vagamente que todo su pasado se desgajaba, por así decirlo, de su corazón, y que empezaba una nueva vida, tenebrosa y amenazadora. Pero no había andado diez pasos cuando Mozglyakov se presentó ante ella como brotado de la tierra. Por lo visto había estado esperándola de intento en ese sitio.

-Zinaida Afanasievna -murmuró en tono medroso, mirando rápidamente a su alrededor porque todavía hacía bastante luz-; Zinaida Afanasievna, soy, por supuesto, un asno. O, si usted prefiere, ya no soy un asno, porque al fin y al cabo, como usted ha visto, me porté honradamente. Pero, de todos modos, siento haber sido un asno. Parece que no atino, Zinaida Afanasievna, pero... perdone usted, hay varios motivos para ello...

Zina le miró casi inconscientemente y continuó andando en silencio. Como la alta acera de madera no era bastante ancha para que caminaran los dos juntos y Zina no le dejaba sitio, Pavel Aleksandrovich abandonó la acera y a lo largo de ella corría junto a la joven, sin apartar los ojos de su rostro.

Zinaida Afanasievna -prosiguió- he recapacitado y, si usted quiere, estoy dispuesto a renovar mi oferta. Estoy incluso dispuesto a olvidarlo todo, Zinaida Afanasievna, todo este sórdido asunto, dispuesto a perdonar pero con una condición: que mientras estemos aquí todo debe permanecer en secreto. Usted se marchará de aquí cuanto antes- y lo la seguiré sin que nadie se entere. Nos casamos en algún lugar remoto para que nadie nos vea y seguidamente nos vamos a Petersburgo, en silla de posta, por lo que debiera usted llevar sólo un maletín, ¿eh? ¿De acuerdo, Zinaida Afanasievna? Dígamelo en seguida. No puedo esperar. Nos pueden ver juntos.

Zina no respondió. Se limitó a mirar a Mozglyakov, pero de tal manera que él lo comprendió todo en el acto, se quitó el sombrero, se inclinó y desapareció por la primera bocacalle.

-¿Cómo? -pensaba-. ¿Anteayer por la tarde tanto despliegue de sentimientos y tanto culparse a sí misma? ¡Está visto que cambia de un día para otro!

Y mientras tanto en Mordasov se sucedían los acontecimientos, entre ellos uno trágico. El príncipe, conducido al hotel por Mozglyakov, cayó enfermo esa misma noche, y enfermo de gravedad. Los vecinos de Mordasov se enteraron de ello a la mañana siguiente. Kallist Stanislavich casi no se apartaba de -la cabecera del enfermo. A la tarde se celebró una consulta de todos los médicos de Mordasov, a quienes se mandaron invitaciones en latín. Pero, a pesar del latín, el príncipe había perdido ya el juicio, desvariaba, pedía a Kallist Stanislavich que le cantara una romanza, hablaba de pelucas; a veces parecía asustarse de algo y gritaba. Los médicos acordaron que, a resultas de la hospitalidad mordasoviana, el príncipe padecía de una inflamación de estómago, que se había extendido (probablemente en el camino) a la cabeza. No rechazaron la posibilidad de un trastorno moral. Llegaron a la conclusión de que, desde tiempo atrás, el príncipe estaba predispuesto a la muerte y por lo tanto moriría sin remedio. En esto último no se equivocaron, pues el pobre anciano murió en el hotel tres días después, a última hora de la tarde. Esto afectó muchísimo a las gentes de Mordasov. Nadie esperaba que el asunto tomara un giro tan grave. Acudieron en tropel al hotel donde yacía el cadáver, reflexionaron y deliberaron, menearon la cabeza y acabaron condenando con severidad a las «asesinas del infeliz príncipe», dando a entender, por supuesto, que se trataba de Marya Aleksandrovna y su hija. Todos pensaban que esta historia, por lo escandalosa, llegaría quizás a comarcas remotas, y cavilaban sobre toda suerte de posibles consecuencias. Durante todo este tiempo Mozglyakov estuvo en constante bullebulle, yendo de un lado para otro, hasta que la cabeza acabó dándole vueltas. En ese estado de ánimo estaba cuando se vio con Zina. Bien mirado, su situación era peliaguda. Él mismo había llevado al príncipe a la ciudad, él mismo le había trasladado al hotel, y ahora no sabía qué hacer con el difunto, cómo y dónde darle sepultura, a quién informar de lo ocurrido. ¿Debía conducir el cadáver a Duhanovo? Por añadidura, se consideraba a sí mismo como sobrino. Se estremecía de pensar que le culparan de la muerte del respetable anciano. «Quizás el asunto tenga repercusiones en la alta sociedad de Petersburgo» -pensaba con un escalofrío. De las gentes de Mordasov era inútil esperar consejo alguno. Todos se asustaron repentinamente de algo, se apartaron del cadáver y dejaron a Mozglyakov en una soledad tenebrosa. Mas de repente la escena cambió por completo. Al día siguiente, por la mañana temprano, llegó un viajero a la ciudad. Todo Mordasov empezo a hablar del visitante, pero furtivamente, en voz baja, mirándole por todas las ventanas y resquicios cuando iba por la calle Mayor a casa del gobernador. Hasta el mismo Pyotr Mihaílovich pareció intimidarse un tanto y no sabía cómo conducirse con el recién venido. Éste era el conocido príncipe Shchepetilov, pariente del difunto, hombre aún relativamente joven, de treinta y cinco años, con charreteras trenzadas de coronel. La vista de estas charreteras produjo en todos los funcionarios un pavor nada común. El jefe de policía, por ejemplo, perdió la cabeza, aunque por supuesto sólo en lo moral, ya que en lo físico bien presente estaba aunque con una cara bastante larga. Pronto se supo que el príncipe Shchepetilov venía de Petersburgo y de paso se había detenido en Duhanovo. No habiendo encontrado a nadie en Duhanovo, voló en pos de su tío a Mordasov donde, como un rayo, cayó sobre él la noticia de la muerte del anciano, acompañada de toda clase de rumores acerca de las circunstancias de su muerte. Hasta Pyotr Mihailovich se aturdió un poco al darle las explicaciones necesarias, ya que todo el mundo en Mordasov parecía en cierta medida culpable. Además, el viajero tenía una cara severa y descontenta, aunque parecería imposible que estuviera descontento con la herencia que iba a recibir. En seguida, él mismo, personalmente, se encargó de todo. Mozglyakov, avergonzado, escurrió el bulto tan pronto como se presentó el auténtico -y no sólo pretendido- sobrino, y desapareció sin dejar rastro. Quedó decidido conducir el cadáver al monasterio, donde había de tener lugar el funeral. El visitante daba todas sus instrucciones en tono lacónico, seco y severo, pero con tacto y decoro, Al día siguiente la ciudad entera fue al monasterio para asistir al funeral. Entre las damas cundió el rumor absurdo de que Marya Aleksandrovna se presentaría en la iglesia y que, de rodillas ante el ataúd, pediría en voz alta perdón, y que todo ello sería según manda la ley. Ni que decir tiene que el rumor era ridículo y que Marya Aleksandrovna no apareció por la iglesia. Hemos olvidado decir que tan pronto como Zina volvió a casa, su madre determinó mudarse esa misma noche a la casa de campo, puesto que era imposible quedarse más tiempo en la ciudad. Desde su rincón escuchó con avidez los rumores que corrían por la ciudad, mandó a buscar noticias acerca del visitante y durante todo ese tiempo estuvo febril. El camino del monasterio a Duhanovo pasaba a menos de una versta de las ventanas de su casa, y así, pues, Marya Aleksandrovna pudo observar cómodamente el largo cortejo que se desplazaba del monasterio a Duhanovo después del funeral. El cadáver iba en un alto coche fúnebre y tras él marchaba una larga hilera de carruajes que acompañaron al difunto hasta llegar al cruce que conducía a la ciudad. Y durante largo rato se vio, contrastando con el campo blanco de nieve, el negro perfil de ese lúgubre carruaje que rodaba en silencio, con el decoro debido. Pero Marya Aleksandrovna no pudo mirarlo mucho rato y se apartó de la ventana.

Al cabo de ocho días se trasladó a Moscú con su hija y su marido. Un mes más tarde se supo en Mordasov que la casa de la ciudad y la propiedad rural de Marya Aleksandrovna habían sido vendidas. Así, pues, Mordasov perdió para siempre a esa dama tan *comme il faut*. Tampoco esto se pudo arreglar sin dar pasto a la maledicencia. Se aseguraba, por ejemplo, que la venta de la finca del campo incluía a Afanasi Matveich... Pasó un año, luego otro, y casi se olvidó por completo a Marya Aleksandrovna. Así ¡ay! es la vida. Sin embargo, se decía que había comprado otra casa de campo y que se había trasladado a otra capital de provincia, en la que, por supuesto, ya tenía a todo el mundo en un puño; que Zina no se había casado todavía; que Afanasi Matveich... Pero no hay por qué repetir tales rumores. Nada de esto tiene visos de verdad.

Han pasado tres años desde que escribí el último renglón de la primera parte de los anales de Mordasov, y quién iba a pensar que tendría que abrir de nuevo el manuscrito para añadir una noticia más a mi narrativa. ¡Manos a la obra! Empezaré por Pavel Aleksandrovich Mozglyakov. Cuando desapareció de Mordasov fue directamente a Petersburgo, donde obtuvo oportunamente el puesto en la administración que hacía tiempo le habían prometido. Pronto olvidó todos los acontecimientos de Mordasov, entró en el torbellino de la vida mundana en la isla Vasilyevski y en el puerto de Galerna, disfrutó de la vida, hizo la corte a las damas, estuvo a la altura de su tiempo, se enamoró, hizo una propuesta de matrimonio y fue rechazado una vez más; y no resignándose al rechazo, por la frivolidad de su carácter y por no estar con los brazos cruzados, se agenció un puesto en una expedición que iba a una de las comarcas más remotas de nuestra inmensa patria para inspeccionar algo o para algún otro fin -no sé de cierto. La expedición atravesó sin contratiempo bosques y desiertos y, por fin, tras largo viaje, se presentó ante el general-gobernador de esa remotísima comarca. Éste era un general alto, delgado y severo, un viejo militar cubierto de heridas recibidas en varias campañas, con dos estrellas y una cruz blanca al cuello. Recibió a la expedición con dignidad y decoro e invitó a todos los funcionarios que la componían a un baile en su casa que se daba precisamente esa noche para celebrar el día del santo de su esposa. Pavel Aleksandrovich quedó muy contento de la invitación. Se puso su traje de Petersburgo, con el que pensaba causar gran impresión, y entró con desenvoltura en el gran salón, aunque pronto quedó algo cohibido al ver la gran cantidad de charreteras trenzadas y gruesas y de uniformes con estrellas de altos funcionarios. Fue necesario cumplimentar a la esposa del general-gobernador, de quien ya había oído decir que era joven y muy hermosa. Se acercó a ella con aire jactancioso y de repente quedó estupefacto. Ante él estaba Zina, en un soberbio vestido de baile, cubierta de diamantes, orgullosa y altiva. No reconoció en absoluto a Pavel Aleksandrovich. Su mirada resbaló inatenta por el rostro de él y en seguida pasó a otro. El atónito Mozglyakov se hizo a un lado y entre la multitud tropezó con un funcionario joven y tímido que parecía asustado de verse en el baile del general-gobernador. Pavel Aleksandrovich se dispuso en el acto a interrogarle y se enteró de cosas sumamente interesantes. Averiguó que el general-gobernador se había casado dos años antes, en ocasión de un viaje, con una joven riquísima de una familia distinguida; que la generala era «terriblemente hermosa, podía incluso decirse que era una belleza de primer orden, pero que mostraba un orgullo excesivo y no bailaba más que con generales»; que en ese mismo baile había un total de nueve generales, propios y ajenos, incluyéndose en tal número los consejeros de Estado en activo; y que finalmente, «la generala tenía una madre que vivía con ella, y que esta madre procedía de la más alta sociedad y era muy inteligente», pero que estaba sometida por entero a la voluntad de la hija. El general, por su parte, idolatraba a su esposa y no le quitaba los ojos de encima. Mozglyakov no pudo menos de preguntar discretamente por Afanasi Matveich, pero de éste no se sabía absolutamente nada en la «remota comarca». Envalentonándose un poco, Mozglyakov recorrió las salas y pronto apercibió a Marya Aleksandrovna, espléndidamente ataviada, que desplegaba un precioso abanico y hablaba animadamente con un funcionario de alta categoría. En torno a ella se apiñaban algunas damas que querían halagarla, y Marya Aleksandrovna, por lo visto, se mostraba muy amable con todas. Mozglyakov se arriesgó a presentarse. Marya Aleksandrovna pareció estremecerse ligeramente, pero casi al instante se repuso. Consintió amablemente en reconocer a Pavel

Aleksandrovich, le preguntó por amistades de Petersburgo y por qué no estaba en el extranjero. De Mordasov no dijo una palabra, como si no hubiera tal lugar en el mundo. Al cabo, después de pronunciar el nombre de cierto príncipe importante de Petersburgo y de interesarse por su salud -aunque Mozglyakov no tenía idea de quién pudiera ser- la dama se volvió imperceptiblemente a un funcionario de fragante pelo gris que por allí pasaba y al punto se olvidó por completo de Pavel Aleksandrovich, que seguía ante ella. Con una sonrisa sarcástica y el sombrero en la mano Mozglyakov volvió al salón principal. No se sabe por qué, quizá por considerarse herido en su amor propio y hasta agraviado, decidió no bailar. Su rostro no perdió en toda la noche su aspecto sombrío y abstraído ni su mordaz sonrisa mefistofélica. Apoyóse ostentosamente en una columna (el salón ¿cómo no? tenía columnas) y durante todo el baile, que duró varias horas, permaneció en el mismo sitio, siguiendo a Zina con la mirada. Pero ¡ay! todas sus mañas, todas sus posturas pintorescas, su cara de desengaño, etc., etc., todo fue en vano. Zina sencillamente no se percataba de él. Por último, furioso, con piernas que le dolían de estar tanto de pie, hambriento, ya que como enamorado y enfermo de amor no podía quedarse a cenar, volvió a su aposento, agotado y por así decirlo, derrotado. No se acostó en mucho rato, recordando lo olvidado hacía largo tiempo. A la mañana siguiente se anunció una misión especial y Mozglyakov consiguió, muy complacido, que le escogieran para ella. Su espíritu pareció refrescarse cuando salió de la ciudad. En el espacio infinito y desierto yacía la nieve como un sudario deslumbrante. A lo lejos, en la misma línea del horizonte, se percibía la mancha negra de los bosques.

Volaban los briosos caballos, levantando con sus cascos un polvillo de nieve. Sonaba la campanilla. Pavel Aleksandrovich se quedó pensativo, luego se puso a fantasear y por último se quedó tranquilamente dormido. Se despertó en la tercera estación de relevo, fresco y sano, y con pensamientos de muy distinta índole.

FIN

Made in the USA
Middletown, DE
22 June 2022

67599822R00050